KB095149

골프 동작 분석 이론

진단의 기술

The Method of Diagnosis

Golf Motions Analysis Theory

골프 동작 분석 이론

진단의 기술

나유성 · 나유민 지음 | 삽화 PLATEAU · 박진우

좋은땅

대한민국 최고의 골프 교습가, **임진한 프로**

이 책은 지금까지 발간된 골프 이론서와는 다른 매우 특별한 시선을 가지고 있습니다. 문제를 해결하는 방법에 대한 것이 아니라, 골프를 하면서 발생하는 문제의 근본적인 원인을 정확하게 진단하는 방법에 대해서 알려 줍니다. 골프 교습가, 골프 선수뿐만 아니라 골프 동작, 스윙 분석에 관심을 가지고 있는 모든 분야의 사람들에게 적극 추천합니다.

KPGA 투어 5승, 코리언 투어의 대표선수, **홍순상 프로**

이 책은 골프 동작 분석에 대해서 어느 골프 서적보다 명확하게 알려 줍니다. 골프에서 정답은 없습니다. 이렇게 해도 잘 칠 수 있고 저렇게 해도 잘 칠 수 있습니다. 하지만 골퍼의 기술과 감은 영원하지 않습니다. 그러므로 문제가 발생했을 때 어떠한 방법으로 골프를 하더라도 누구에게나 도움을 줄 수 있도록 원인을 정확하게 진단할 수 있는 기준이 필요합니다.
이 책을 통해서 골프 동작 분석의 기본이 무엇인지 알게 되기를 바라고 여러분은 더 이상 다른 골프 서적을 필요로 하지 않을 것입니다. 이 책을 제대로 이해한다면 어느새 여러분도 골프의 문제의 원인을 제대로 진단하는 전문가가 되어 있을 것입니다.

KLPGA 투어 3승, 10년 연속 1부투어 'K-10' 최초 멤버, **윤슬아 프로**

오랜 투어선수생활을 하면서 시대의 흐름에 따라서 스윙을 바꾸어 보기도 했고 유명한 교습가를 찾아가서 교정도 해 보았지만, 가장 중요한 것은 자신에게 맞는 골프를 하는 것입니다. 주변의 동료 선수들을 보면, 여러 이론을 접하는 것이 도움이 되는 경우도 있지만 오히려 생각이 복잡해져서 자신의 장점마저 잃어버리는 경우도 많습니다.

이 책은 골프를 하면서 발생하는 문제의 근본적인 원인에 대해서 진단을 하는 방법을 알려 줍니다. 교습가뿐만 아니라 골퍼 스스로 그리고 골퍼에 대해서 가장 잘 알고 있는 주변 사람들이 이 책을 통해서 문제의 원인을 정확하게 진단한다면 골퍼에게 혼란이 없는 해결방안을 찾을 것입니다.

목차

Ⅲ 골프 스윙 동작 분석 이론

머리말

이 책은 골프 동작 분석에 관한 책이다.

골프 동작 분석의 목적은 골프를 하면서 만들어지는 몸의 움직임 그리고 클럽의 움직임에 대한 분석을 통해서 샷의 결과나 문제점에 영향을 주는 근본적인 원인을 진단하는 것이다.

세상에는 다양한 골퍼가 있고 다양한 스윙 이론이 있다. 이 책에서 설명하는 이론은 골퍼가 어떠한 스윙 이론을 지향해서 샷을 하더라도 적용할 수 있는 동작 분석 이론이다. 샷의 결과와 동작이 만들어지는 근본적인 원인을 분석하는 진단의 방법에 대해서 설명하고자 한다. 또한 골프를 전에는 없었던 새로운 시각에서 접근하고 학문적으로 발전시키고자 했다.

교습가를 포함한 많은 골퍼들이 새로운 스윙 이론이나 문제의 해결방법에는 많은 관심을 가진다. 하지만 정작 가장 중요한 근본적인 원인을 진단하는 분석의 과정과 방법에 대해서는 큰 관심을 가지지 않는 것은 매우 안타까운 점이다. 골프 동작 분석은 거의 모든 골퍼들이 사용하지만, 골퍼마다 방법이 다르다. 그렇다면 골퍼의 이론마다 동작 분석의 기준이 달라질 수밖에 없다.

골퍼가 느끼는 것과 실제로 보여지는 동작은 다르다. 보여지는 동작을 분석할 때 기준이 되는 진단의 방법이 없다면, 분석을 하는 사람의 스윙 이론에 따라서 옳은 동작으로 진단될 수도 있고 또는 잘못된 동작으로 진단될 수도 있다. 실제로 이러한 경우에는 큰 혼란을 가져올 수 있다. 따라서 동작 분석에 대한 기준을 정립해서 이론적으로 체계를 세우는 것이 필요하다고 생각했다.

현대에는 골퍼들이 다양한 장비를 사용해서 스윙이나 샷의 결과 그리고 몸의 움직임을 분석하는 것을 자주 접할 수 있다. 하지만 아쉬운 점은 문제가 무엇인지를 확인하는 과정이 분석의 주된 목적이 되는 것이다. 스윙이나 샷의 결과 또는 몸의 움직임의 문제가 무엇인지 파악하는 것은 전혀 어렵지 않다.

골프 동작 분석 이론에 대한 책을 쓰게 된 이유는 다음과 같다.

1. 골프 동작 분석에 대한 전문 서적 또는 동작 분석 전문가를 찾는 것은 매우 어렵다.

골프 이론이나 스윙, 숏 게임, 등을 잘하는 방법을 알려 주는 정보는 매우 많다. 많은 골퍼들이 책과 인터넷 영상을 통해서 골프 이론에 대한 다양하고 많은 정보를 얻고 직접 교습을 받기도 한다. 그렇지만 스윙이나 동작이 왜 이렇게 만들어지는가에 대한 원인을 분석하고 진단하는 방법에 대해서는 정보를 찾기가 매우 어렵다.

스포츠 과학의 발전으로 다양한 분석 장비, 시뮬레이터 장비, 레이더 트래킹 장비를 접할 수 있다. 이러한 장비를 구입하게 되면, 각 장비 회사마다 사용하는 방법에 대한 자료를 얻을 수 있다. 그리고 회사마다 그들의 장비를 효율적으로 사용하는 교육 서비스를 제공하기도 한다.

이러한 설명서와 교육 서비스는 장비의 사용방법, 장비의 결과에 대한 데이터를 식별하고 이해 및 계산하는 방법에 대해서 알려 줄 뿐이다.

문제의 근본적인 원인을 진단하는 방법을 어떻게 해야 하는지에 대한 정보를 주지는 않는다. 시뮬레이터나 레이더 트래킹 장비를 사용하더라도, 데이터 결과가 만들어진 원인에 대해서 진단을 하려면 결국은 정확한 동작 분석을 해야만 가능하다.

즉, 고가의 장비를 사용한다 하더라도, 왜 클럽의 움직임이 이렇게 만들어지는가? 클럽의 움직임에 영향을 주는 골퍼의 움직임은 어떻게 만들어지는가? 골퍼의 실수인가? 보상동작인가? 그리고 얼라이먼트가 잘못되었는가? 등에 대한 진단은 지금까지의 기술로는 장비가 알려 주지 못한다. 또한 장비를 사용하는 골퍼의 능력에 따라서 진단의 신빙성은 천차만별이 된다.

프로골프 협회, 골프 대학교, 골프 아카데미에 따라서 다양한 분야의 전문가가 이론 교육, 실전 교육, 지도자 과정 등에 대해서 전문적인 교육을 제공한다. 이러한 교육 과정 중에는 스윙 분석, 스트로크 분석, 동작 분석에 대한 교육도 있다.

동작 분석 교육을 할 때, 분석 전문가(진단전문가, A diagnostician)에 의해서 동작 분석 전문

교재로 진행되는 경우는 드물다. 그러다 보니 동작 분석 교육 과정이 골프 교육의 다른 분야에 비해서 체계적이지 않고 교육의 질이 낮다. 왜냐하면 진단의 과정과 기술을 전문으로 하는 동작 분석가에 대한 정보가 매우 생소하고 드물기 때문이다. 다른 분야의 교육 과정의 경우에는 각 분야의 전문가가 그 분야의 전문 교재를 가지고 체계화된 교육을 제공하는 것과는 큰 차이가 있다.

2. 분석을 하고 근본적인 원인을 찾아내는 진단의 과정 대해서 올바른 이해가 필요하다.

현재까지 교습가들은 자신의 이론이나 교습의 정확성을 골퍼에게 확인시켜 주기 위해서 동작 분석을 교습의 일부분으로 사용하고 있다. 때로는 문제를 제대로 파악하는 것을 문제의 원인을 파악하는 것과 혼동하는 경우도 있다. 심지어 문제를 제대로 교정하는 것이 문제의 근본적인 원인을 교정하는 것이라고 착각하는 경우도 있다. 문제가 무엇인지 확인하는 것은 골프 동반자, 캐디 그리고 다양한 장비의 데이터를 통해서 쉽게 알 수 있다. 하지만 문제의 근본적인 원인을 정확하게 진단하는 과정은 코치가 섣부르게 교정을 하기 전에 진정으로 골퍼의 문제를 해결하기 위해 필요한 과정이 무엇인가에 대해서 판단하게 만든다.

반드시 교정을 해야만 발전이 있는 것은 아니다. 골퍼에 따라서는 문제의 근본적인 원인을 파악해서 골퍼가 잊고 있었던 아주 사소한 부분을 상기시키는 것만으로도 기량을 회복하는 경우도 있다.
오히려 여러 차례 교정을 하다가 문제가 더 악화되거나 되돌릴 수 없는 상황도 발생한다. 현재의 동작이 만들어지기까지 골퍼가 과거에서부터 해 왔던 것들에 대해서 분석해야 한다. 골퍼마다 다르겠지만, 지금의 문제점이 과거에는 골퍼의 장점이었을 수도 있다.

비슷해 보이는 문제라 하더라도 원인은 골퍼마다 다르다. 문제의 근본적인 원인은 골퍼의 오랜 습관, 골퍼 특유의 그립, 어드레스, 스윙, 몸의 움직임, 프리 샷 루틴일 수도 있다. 또는 골퍼의 나이, 신체조건, 부상, 심리적인 압박, 클럽, 새로운 코치 또는 캐디와의 호흡 등 수없이 다양하다.

문제의 근본적인 원인이 무엇인지 진단하고 난 후에, 골퍼에 따라서 근원이 되는 부분을 변화시키거나 제거하는 과정이 필요하다. 그리고 나서 골퍼나 코치가 원하는 결과를 만들기 위해서 교정을 해야 한다. 문제의 근본적인 원인이 무엇인지에 따라서 근원을 변화시키고 제거하는 과정과 원하는 결과를 만들기 위한 교정 사이에는 큰 차이가 있다.

따라서 분석가는 문제의 원인을 밝히는 진단과 문제의 교정은 반드시 구분해야 한다. 또한, 교정 전의 분석과 교정 후의 분석은 초점과 비교의 대상 그리고 주제가 다르다는 것을 알아야 한다.

문제의 근본적인 원인을 찾아내는 진단의 과정에 대해서 정확하게 이해하고 따른다면, 다양한 분야의 사람들이 골프 동작 분석을 할 수 있다. 그렇게 되면 문제의 원인을 진단하는 시야가 매우 다양해질 것이다.

교습가가 분석할 때는 자신의 이론을 근거로 분석을 할 것이다. 의사, 트레이너, 심리 상담가, 클럽 피터의 경우에는 교습가와는 다른 시각으로 문제가 만들어지는 원인에 대한 분석이 가능할 것이다. 골퍼의 가족이 분석을 하는 경우에는 골퍼의 호흡, 표정, 컨디션에 따라서 달라지는 동작에 대해서 누구보다 잘 알 수 있을 것이다.

다양한 사람들이 분석을 하게 된다면, 교정을 우선하는 개념보다는 동작 분석을 통해서 문제가 만들어지는 근본적인 원인을 밝히려는 진단과정을 신중하게 진행할 것이다.

3. 4차 산업시대의 교육 산업 시스템에 적합하다.

현재 전 세계가 인터넷으로 연결되어 있다. 골퍼는 분석이 가능한 영상을 촬영해서 전 세계 어디에 있든 자신이 선호하는 분석가(진단전문가, A diagnostician)에게 보낸다. 분석가는 문제의 근본적인 원인이 무엇인지 분석을 하고 진단과정이 담긴 분석 영상을 골퍼에게 다시 보낸다. 만약 이러한 과정을 거치게 되면 골퍼는 매우 다양한 선택을 할 수 있다. 골퍼는 진단을 내린 영상을 가지고 전 세계 누구에게나 해결책을 상의할 수 있다.

인터넷에 진단을 받은 분석 영상을 공개해서 전 세계의 교습가들에게 문제의 원인에 따라서 여러 가지 교정 방법에 대한 정보를 얻을 수 있다. 또는 문제의 원인이 부상, 신체조건, 골퍼의 심리 상태 등이 원인이라면 의사, 트레이너, 심리학자 등 각 분야의 전문가들이 올바른 해결책을 제시

할 수 있다. 현재의 화상 교육의 형태와는 크게 다른 4차 산업시대에 맞는 교육산업이 만들어질 것이다.

진단과 교정을 분리해서 교정 방법의 다양성을 열어 둔다면 많은 변화가 생긴다. 인터넷을 통해서 전 세계에서 경쟁하는 진단전문가(분석가, A diagnostician)들에 의해서 진단받은 문제의 원인에 따라서 다시 전 세계에 각 분야의 전문가들이 해결책을 제시하는 경쟁 시스템을 만들 수 있다.

이러한 시스템을 이용하게 되면 골프의 기술적인 부분뿐만 아니라 교정에 필요한 모든 방법과 절차에 있어서 현재와는 비교 되지 않을 정도로 다양한 방면에서 질 좋은 정보를 얻을 수 있다. 왜냐하면 전 세계의 뛰어난 진단전문가들이 투명한 경쟁을 할 것이기 때문이다.

과학이 발전하면서 시뮬레이터 또는 레이더 트래킹 장비를 사용해서 데이터를 분석하고 설명하는 것은 곧 AI와 같은 인공지능이 코치의 역할을 대체할 것이다.

인간의 지능은 AI를 넘어설 수 없다. 하지만 AI라 하더라도 골퍼의 동작이 만들어지는 근본적 원인을 밝히는 진단 과정에 대해 인간을 앞서는 것은 시간이 더 필요할 것으로 예상한다. 왜냐하면 앞서 설명했듯이 골퍼의 동작이 만들어지는 원인은 수없이 다양하기 때문이다.

언젠가 진단을 하는 분석과정에 대한 데이터가 쌓인다면 가까운 미래에 AI가 분석가의 역할을 대체할 것이다. 분명한 것은 AI의 발전은 골프 교육 사업뿐만 아니라 동작에 대한 분석과 진단이 필요한 다양한 스포츠산업이 발전하는 계기가 될 것이다.

서문

골프 동작 분석 이론은 세 파트로 구분한다.

첫 번째 Ⅰ. 골프 동작 분석의 기본과 준비이다.

실내와 실외에서 분석 영상을 만들 때 여러 가지 조건에 대해서 설명을 한다. 그리고 스윙의 크기와 샷의 종류에 따라서 카메라를 설정하는 방법에 대해서 자세하게 설명을 한다. 정확한 분석 영상을 만드는 것은 정확한 분석을 하기 위해서 매우 중요하기 때문이다.

두 번째 Ⅱ. 골프 동작 분석에 필요한 영상 촬영의 4대 방향이다.

골프 동작 분석을 위해서 분석 영상을 만들 때 가장 많이 사용하는 대표적인 4대 방향에 대해서 설명한다. 골프 스윙 동작 분석에 사용되는 카메라의 위치와 높이 설정 방법에 대해서 자세하게 설명한다. 정확하고 객관적인 분석을 하기 위해서는 분석 영상 촬영을 할 때 반드시 영상 촬영의 대표 방향에 따라야 한다. 촬영하는 방향에 따라서 동작이 다르게 보일 수도 있기 때문에 매우 중요하다.

세 번째 Ⅲ. 골프 스윙 동작 분석 이론이다.

골프 스윙 동작 분석 이론은 1. 골프 스윙 동작 분석 이론, 그리고 2. 드로우 샷과 페이드 샷의 분석 이론으로 구분한다. 골프 스윙 동작 분석을 할 때, 1. 골프 스윙 동작 분석 이론에서는 14개의 분석 구간(Analysis stage)으로 구분해서 동작 분석 과정에 대해서 설명한다.

모든 골프 동작 분석을 할 때, 골프 동작은 구간으로 구분한다. 분석할 때, 이전의 구간 완성 후부터 현재 구간의 완성까지 과정을 구분해서 분석하기 위해서다. 또한, 스윙 구간은 각각의 골프 스윙 포지션(Swing position)에 의해서 완성되기 때문이다.

2. 드로우 샷과 페이드 샷의 분석 이론에서는 분석의 목적에 따라서 분석 영상 촬영의 방향을 다르게 해야 하는 이유와 방법에 대해서 설명한다. 분석의 목적에 따라서 ① 카메라의 위치를 타깃에 평행하게 설정 그리고 ② 카메라의 위치를 어드레스 파스처의 얼라이먼트에 평행하게 설정으로 구분해서 자세하게 설명한다.

I 골프 동작 분석의 기본과 준비

골프 스윙 동작 분석을 하기 위해서 반드시 필요한 것은 객관적인 분석이 가능하도록 정확하게 영상을 촬영하는 것이다. 정확한 분석만큼이나 분석을 위한 영상 역시 매우 중요하므로 분석 영상을 촬영하는 방법을 제대로 익혀야 한다.

골프 동작 분석을 하기 위해서 필요한 기본적인 것들이 있다.

첫 번째, 골퍼의 스윙과 몸의 움직임을 촬영할 수 있는 카메라 기기가 필요하다. 일상 생활에서 가장 많이 사용되는 휴대 전화기의 카메라, 태블릿 PC의 카메라를 사용해서 촬영이 가능하고, 전문가들이 사용하는 캠코더 또는 초고속 카메라 등이 있다. 촬영하는 동안에 카메라를 지탱해 줄 삼각대(Tripod)나 카메라 거치대가 필요하다. 그리고 촬영을 편리하게 하기 위해서 또는 좁은 장소에서의 촬영을 해야 할 때는 광각렌즈(Wide angle lens)를 사용한다.

두 번째, 영상을 분석하기 위한 장비가 필요하다.

분석 장비 또는 휴대 전화기, 태블릿 PC, 랩 탑 등에 분석이 가능한 프로그램이 설치되어 있다면 분석하는 데 도움이 된다.

1. 골프 동작 분석을 위한 촬영 환경 및 조건

골프 동작 분석을 하기 위해서는 반드시 골프 동작을 촬영을 해야 한다. 촬영에는 크게 두 가지로 나뉜다. 실내 촬영과 실외 촬영이다.

1) 분석 비디오를 만들기 위한 실내 촬영의 기본사항

실내에서 분석용 스윙을 촬영할 때에는 실외에서 촬영보다는 비교적 수월하다. 실내에서는 골퍼들이 대부분 매트의 방향에 평행하게 샷을 하고, 페어웨이처럼 경사가 있지도 않다. 그리고 습도나 온도에 따라서 장비를 따로 보관해야 할 필요도 없다. 실내에서의 촬영은 카메라와 삼각대를 지면에 수평을 유지하는 등의 몇 가지 조건을 충족한다면 누구나 매우 간편하게 분석 영상의 촬영이 가능하다.

골프 동작 분석을 위해서 실내에서 촬영을 할 때 가장 중요한 것은 바로 충분한 조명과 골퍼와 카메라 사이의 거리이다. 실내 촬영은 조명이 매우 중요하다. 촬영을 할 때 충분한 조명과 그에 따른 카메라의 셔터 스피드의 조절이 필요하다. 초고속 카메라를 사용할 경우에는 별도의 셔터 스피드 조절이 필요하지 않지만, 조명이 충분하다면 더 좋은 영상으로 분석을 할 수 있다. 휴대전화기나 태블릿 PC로 촬영을 할 경우에도 충분한 조명이 있어야 한다.

셔터스피드 조절이 가능한 캠코더나 카메라를 사용할 때의 예를 들어 보겠다. 편의상 모든 촬영 장비를 통합해서 '카메라'라고 칭해서 설명하겠다.

* 본문에서 셔터스피드를 설명할 때, 셔터스피드를 보여 주는 수치는 다음과 같다.

1/xxxx th of a second. i.e.: 셔터스피드 2,000 = 1/2,000th of a second.

클럽 헤드 페이스와 샤프트의 움직임을 제대로 분석하기 위해서는 스윙을 촬영할 때의 셔터 스피드는 실내에서 최소 1,000에서 1,500 이상 되어야 한다. 또한 이때의 셔터 스피드에서 샤프트와 헤드가 제대로 보일 수 있을 만큼의 조명이 확보되어야 한다. 만약 조명이 충분하지 않은 상태에서 셔터스피드를 높게 설정한다면 클럽의 헤드와 샤프트가 흐리게 잔상이 생기거나 화면이 어두워서 클럽의 움직임의 분석이 불가능하다.

조명이 충분하지 않다면 셔터스피드를 750 전후로 낮추는 방법도 있다. 이때 헤드와 샤프트를 확인할 수도 있지만 화면이 전체적으로 어두워져서 영상의 질이 매우 떨어지게 된다. 따라서 조명이 충분하지 않을 때 셔터 스피드를 낮춰서 분석하는 방법은 클럽의 움직임이 빠른 스윙을 촬영할 때에는 적합하지가 않다. 퍼팅을 촬영할 경우에는 상황에 따라서 셔터 스피드를 500 전후로 설정해서 촬영해도 된다.

실내조명이 해가 화창한 날씨만큼 매우 밝다면 셔터 스피드를 2,000으로 설정해서 촬영한다. 이러한 조건에서 촬영된 영상은 골퍼의 몸의 움직임은 물론, 클럽의 샤프트와 헤드의 움직임이 잔상이 남거나 번짐이 없어서 동작 분석하는 데 매우 적합하다. 셔터 스피드에 대해서 신경 쓰지 않고 실내에서 분석용 영상을 촬영하기 위해서 가장 간편한 방법을 원한다면 아주 밝게 조명을 준비하고 초고속 카메라를 사용하는 것이다.

골프 동작 분석을 하기 위해서 실내에서 촬영을 할 때, 카메라와 골퍼 사이에 충분한 거리를 확보하는 것 역시 매우 중요하다.

골퍼와 카메라 사이에 충분한 거리가 확보되지 않는다면 크게 두 가지 실수를 하게 된다.

첫 번째는 분석 영상에서 골퍼의 스윙 전체를 확인할 수 없는 경우이다. 골퍼의 신체 조건에 따라서 또는 스윙의 아크가 매우 넓거나 높은 스윙을 하더라도 분석 영상에서 확인할 수 있도록 촬영을 해야 한다. 거리가 가까운 경우에 분석 대상자의 평균적인 신체나 스윙크기에 맞춰서 카메라를 고정해 놓으면 분석 영상에 골퍼의 전체적인 스윙이 보이지 않는 경우가 발생할 수도 있다.

그렇게 되면 스윙의 일부분만으로 분석하게 되므로 객관적인 분석이 불가능하다.

공간이 충분하지 않아서 카메라에 골퍼의 스윙을 제대로 담을 수 없다면 광각렌즈를 사용해야 한다. 하지만 광각렌즈를 사용할 때에도 렌즈에 의해서 화면에 굴곡이 생기는 변화가 있는지 점검해서 렌즈를 선택해야 한다.

두 번째는 공간이 충분하지 않은 상태에서 골퍼의 스윙 전체를 카메라에 담기 위해서 카메라의 위치가 잘못 설정된 방향에서 촬영하는 것이다. 잘못된 방향에서 촬영을 하게 되면 촬영 방향에 따라서 스윙의 궤도나 클럽 헤드 페이스의 움직임이 다르게 보인다. 이러한 영상으로는 객관적인 스윙 분석이 불가능하다.

촬영 공간이 협소하지 않더라도 골프 스튜디오나 실내 연습장에 촬영 카메라의 위치를 고정식으로 배치해서 촬영하는 경우가 있다. 간편하게 촬영하고 분석할 수 있어서 시간을 아낄 수는 있다. 하지만 되도록이면 골퍼의 신체조건, 샷의 종류, 사용하는 클럽에 따라서 카메라의 방향과 위치를 정확하게 다시 배치해서 촬영을 해야만 객관적인 분석 영상을 얻을 수 있다.

2) 분석 비디오를 만들기 위한 실외 촬영의 기본사항

실외 촬영은 실내 촬영보다 신경 써야 할 것들이 많다. 실내에서는 대부분 건물 바닥의 기울기가 거의 없고 평편하다. 그래서 카메라를 지면에 평행으로 유지해서 촬영하는 것이 비교적 쉽다. 하지만 실외 촬영에서는 지면의 경사에 따라서 카메라의 기울기를 조절하거나 삼각대 각각의 높낮이를 조절해서 공이 놓여 있는 지면에 평행을 유지해야 하는 경우가 많다.

실내에서의 촬영이든 실외에서의 촬영이든 카메라를 공이 놓여 있는 지면에 평행하게 제대로 설정하지 않고 촬영한 영상으로는 정확하고 객관적인 분석을 할 수가 없다. 그러므로 반드시 카메라를 공이 놓여 있는 지면에 평행하게 설정해서 촬영해야 한다.

또한 날씨에 따라서 카메라의 셔터 스피드를 조절해야 하는데 화창한 날씨뿐 아니라 흐린 날씨에 실외 촬영을 할 때에도 좋은 화질의 분석 영상을 만드는 데 도움이 된다.

날씨가 매우 화창하면 셔터 스피드를 2,000 이상으로 설정한다. 또한 이 정도로 화창한 날씨라면 셔터 스피드는 자동으로 설정해도 무방하다. 적당하게 맑거나 약간 흐리다면 1,000에서 1,500으로 촬영하면 된다.

비나 눈이 내리거나 흐린 날씨에는 셔터 스피드를 1,000 이하로 설정해야 한다. 이러한 경우에는 분석 영상에서 샤프트와 헤드 페이스가 너무 어둡게 나오거나 잔상이 생기지 않는지 점검하면서 촬영해야 한다.

실외 촬영의 경우에 해가 뜨거나 질 때 또는 카메라 렌즈와 해의 앵글이 직각(정면)이 될 때에는 너무 밝아서 골퍼의 움직임과 스윙이 제대로 보이지 않거나 영상에 빛으로 줄이 그어진 것처럼 보이는 경우가 있다. 이러한 경우에는 빛이 매우 강해서 셔터 스피드를 올리거나 초고속 카메라를 사용하더라도 스윙을 제대로 확인할 수가 없다. 이럴 때 골퍼의 타깃과 얼라이먼트를 변경해서 해와 카메라 앵글이 직각(정면)이 되는 것을 피해서 촬영해야 한다.

실외 촬영의 경우에는 기온 또는 습도에도 신경을 써야 한다. 특히 여름처럼 날씨가 덥고 습한 계절의 경우에는 실내에는 에어컨을 사용한다. 이때 실내에 보관하던 카메라를 실외로 가지고 나가서 촬영을 하려고 하면 렌즈에 습기가 생겨서 촬영이 불가능할 때가 있다. 이러한 경우에는 카메라의 본체와 렌즈가 상온에 적응될 때까지 기다려야 한다. 바쁜 일정이 있다면 미리 카메라를 외부로 옮겨서 외부의 환경에 적응하게 해야 한다.

촬영이 없다 하더라도 이런 날씨에는 카메라의 본체와 렌즈를 분리해서 마른 천으로 싸서 에어컨의 영향이 덜 받는 곳에 두어야 한다. 일반 카메라이건 초고속 카메라이건 덥고 습한 계절에는 시원한 실내에서 실외로 옮길 때에는 시간적인 여유를 두고 사용해야 한다.

날씨가 매우 추운 겨울의 경우에는 일반 카메라의 배터리가 평상시보다 빠르게 방전되는 경우도 있으므로 여유분의 배터리를 준비해야 한다. 초고속 카메라와 연결되어 있는 컴퓨터의 배터리가 방전되는 경우도 있으므로 충전을 미리 확인해야 한다.

실내 촬영이나 실외 촬영을 할 때 초고속 카메라를 사용해서 촬영하는 경우에는 셔터 스피드를 신경 쓰지 않아도 되고 좋은 화질의 분석 영상을 만들 수 있다는 장점이 있다.

하지만 초고속 카메라와 컴퓨터를 USB 라인으로 항상 연결해서 촬영해야 하는 경우에는 주의해야 할 것들이 있다. 실외 촬영의 경우에 라운드를 하거나 이동을 하면서 분석 영상을 촬영하는 경우에는 카메라, USB 라인, 컴퓨터 등 장비의 이동에 조심해야 한다.

비나 눈이 내리는 날씨에 촬영을 할 때에도 카메라와 컴퓨터 사이에 거리가 먼 경우에는 USB 라인이나 카메라 장비가 비에 젖지 않도록 주의해야 한다. 만약에 소형테이프, 내장 메모리카드 방식, 또는 블루투스나 와이파이 연결이 가능한 무선 초고속 카메라를 사용한다면 매우 편리하게 촬영할 수 있다.

2. 정확한 골프 동작 분석 영상을 만들기 위한 카메라 설정

동작 분석을 위해서 촬영을 할 때, 카메라의 높이는 각 골퍼의 어드레스 높이에 따라서 다르게 설정해야 한다.

풀 스윙이라 하더라도 A라는 골퍼와 B라는 골퍼의 키, 팔 길이, 다리 길이가 다르면 어드레스 자세, 스윙 아크의 크기와 스윙의 높이 또한 다르므로, 당연히 카메라의 높이 또한 달라져야 한다.

골퍼가 사용하는 클럽의 길이에 따라서 또는 골퍼가 하고자 하는 샷의 종류에 따라서 카메라의 위치가 달라져야 한다.

골퍼가 하고자 하는 샷이 페이드 샷 또는 드로우 샷이라면 분석가의 분석의 목적에 따라서 카메라의 위치가 변경되어야 한다. 페이드 샷과 드로우 샷의 분석을 위한 영상 촬영 방법과 분석 방법은 이후 본문에서 자세하게 설명하겠다.

분석 영상 촬영을 할 때 카메라의 높이에 대해서 알아보자.

풀 스윙의 경우에는 어프러치 샷이나 퍼팅보다는 대부분 스탠스가 넓고 어드레스에서 손의 위치 또한 높다. 그리고 풀 스윙과 4분의 3스윙의 어드레스 자세는 큰 차이가 없이 거의 비슷하다. 이러한 풀 스윙이나 4분의 3스윙 이상인 경우에는 카메라의 높이는 골퍼의 허리보다 높게, 가슴 아래보다 낮게 촬영한다. 평균적으로 골퍼 배의 중앙 높이다. 스윙의 크기가 작더라도 골퍼의 어드레스가 풀 스윙의 어드레스와 같다면 동일한 방법으로 촬영한다.

어드레스 자세가 같더라도 체중이동의 정도에 따라서도 손과 팔 그리고 클럽의 높이가 달라지므로 카메라의 높이를 제대로 설정해야 한다. 그리고 분석을 할 때 골퍼의 동작이나 클럽의 움직임을 강조하거나 확대 영상을 사용하기 위해서는 그에 알맞게 카메라의 높이나 위치를 설정해야 한다.

II 골프 동작 분석에 필요한 영상 촬영의 4대 방향

골프 동작 분석을 위해서 분석 영상을 만들 때 가장 많이 사용하는 대표적인 4대 방향에 대해서 알아보자.

동작 분석을 위한 대표적인 4대 방향은 다음과 같다.

Down the line(DL 또는 DTL) - 골퍼의 측면

Face on(FO) - 골퍼의 정면

Rear(RE) - 골퍼의 후면

From the target(FT 또는 FTT) - 타깃 방향으로부터 골퍼를 향하는 측면

분석하는데 대표적으로 사용하는 4대 방향에서 촬영을 할 때 카메라는 반드시 공이 놓여 있는 지면과 평행을 맞추어야 한다.

골퍼의 어드레스 자세는 화면의 중앙에 잘 보일 수 있는 곳에 위치해야 한다.

골퍼마다 신체조건이나 스윙의 크기가 다르다. 그러므로 어드레스에서 클럽 헤드와 공은 물론, 백스윙의 시작부터 피니쉬까지 스윙의 낮고, 높은 부분 전체를 분석 영상에서 확인할 수 있도록 촬영을 해야 한다.

스윙 전체를 영상에 담을 수 있는 카메라의 위치여야 한다. DL, FO, RE, FT의 어느 방향에서 분석을 하더라도 스윙 전체를 분석 영상에서 확인할 수 있어야 한다. 그리고 강조해야 할 부분이 있

으면 카메라 위치를 바꾸거나 확대 영상을 사용하면서 분석해야 한다.

분석가는 객관적인 분석을 하기 위해서는 지금까지 설명한 바와 같은 조건에 따라서 만들어진 분석 영상을 사용해야 한다.

1. 골프 스윙 동작 분석을 위한 대표 4대 방향

1) 'Down the line'(DL 또는 DTL) - 골퍼의 측면

* DL 카메라의 위치는 타깃에 평행하고 양쪽 손의 직선 후방에 위치한다.

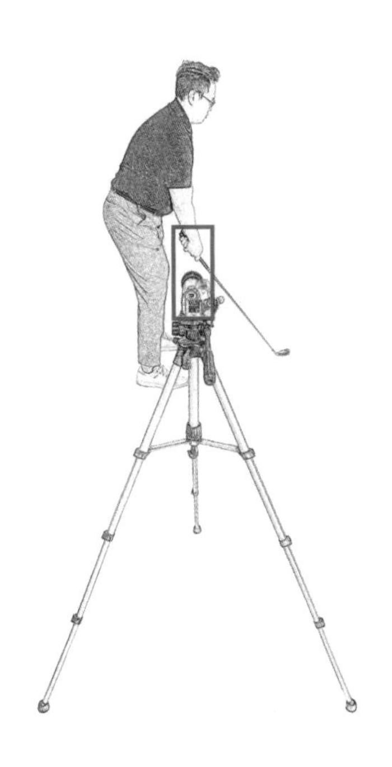

* DL 카메라의 높이는 골퍼의 허리보다 높게, 가슴보다는 낮게 위치한다.

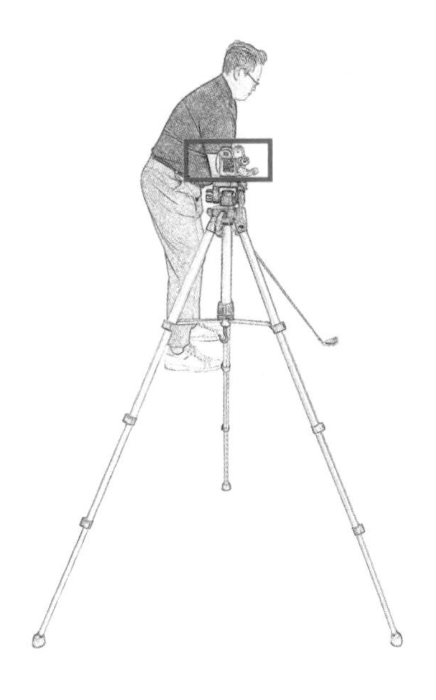

골퍼가 클럽 헤드 페이스를 타깃을 향하여 조준하고 어드레스의 얼라이먼트가 타깃에 평행하게 만들어졌다면, 카메라의 방향은 타깃이나 골퍼의 얼라이먼트와 평행해야 한다.

만약 분석 영상을 촬영할 때 카메라의 위치가 양쪽 손의 직선 후방이 아니거나, 카메라의 높이가 정확하지 않거나, 골퍼가 설정한 타깃에 평행하지 않다면 분석 영상의 스윙은 실제 골퍼의 스윙과는 전혀 다른 스윙이 보일 수 있다. 이러한 분석 영상으로는 객관적인 분석이 불가능하다.

분석가는 분석 영상을 확인할 때 카메라의 위치가 정확하게 설정되어서 촬영이 된 영상인지 확인을 하고 분석해야 한다.

페이드 샷이나 드로우 샷의 촬영의 방법과 분석의 방법은 일반적인 골프 스윙과 다르다. 이 부분에 대해서는 본문의 2. 드로우 샷과 페이드 샷의 분석 이론에서 자세하게 설명하도록 하겠다.

2) 'Face on'(FO) - 골퍼의 정면

FO의 분석 영상 촬영은 카메라의 기울기나 카메라를 거치하는 받침대, 삼각대가 지면에 평행한지, 그리고 공의 위치를 반드시 확인해야 한다.

특별히 다음과 같은 경우에는 분석하는 화면의 기울기가 공이 놓여 있는 지면에 평행하도록 신경을 써야 한다.

- 골퍼가 어드레스 자세(Posture)가 기울어져 있거나 체중이 어드레스의 어느 한쪽으로 치우쳐 있는 경우.
- 샷의 탄도를 의도적으로 낮추거나 또는 높이려고 하는 경우.
- 코스에서 지면의 경사가 있는 곳에서 샷을 하는 경우.

* FO 카메라의 위치는 양쪽 손의 정면에 위치한다.

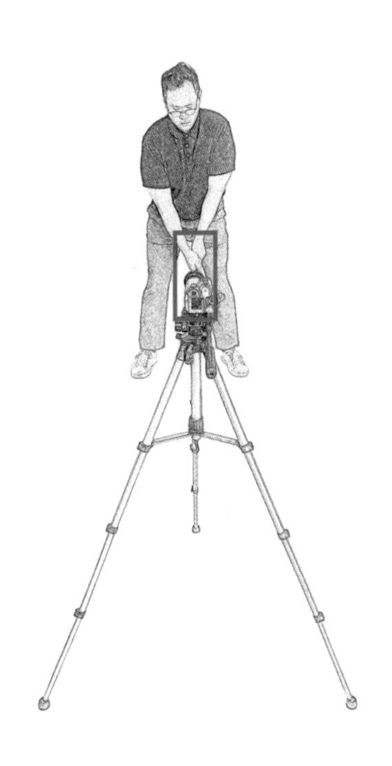

* FO 카메라의 높이는 골퍼의 허리보다 높게, 가슴보다는 낮게 위치한다.

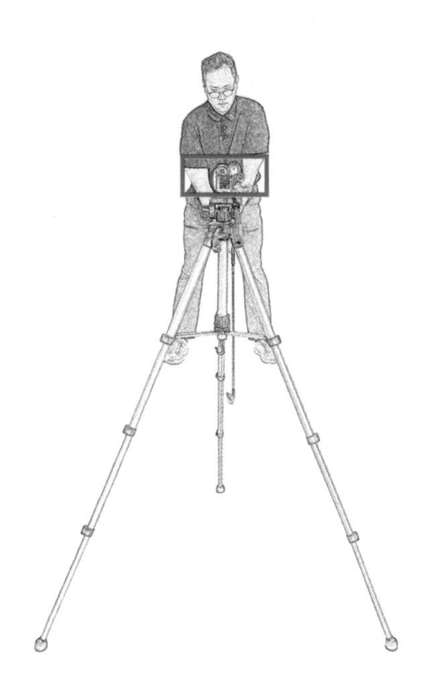

FO에서 분석 영상을 촬영하는 경우에 카메라의 위치는 골퍼의 얼라이먼트에 평행하거나, 또는 상체의 얼라이먼트에 직각의 위치에서 촬영해야 한다.

만약 카메라의 위치가 골퍼의 얼라이먼트에 평행하지 않거나, 상체의 얼라이먼트에 직각으로 위치하지 않다면 분석 영상에 골퍼의 어드레스가 어느 한쪽으로 기울어져 있는 것처럼 보일 수도 있다.

예를 들면, 오픈 스탠스는 골퍼의 체중이 왼쪽에 있는 것처럼 보이거나 클로즈 스탠스는 골퍼의 체중이 우측에 실려 있는 것처럼 보일 수도 있다.

3) 'Rear'(RE) - 골퍼의 후면

골퍼의 뒤에서부터 촬영한다.

골퍼의 어드레스 자세의 중앙에 카메라 위치를 정해서 촬영한다.

'Rear' 분석 영상은 스윙 분석보다는 주로 골퍼의 어드레스 자세(Posture), 몸의 움직임, 골퍼의 스윙 축(Pivot)의 움직임 그리고 DL과 FO에서 보이지 않는 팔(손)과 다리(발)의 움직임을 분석하는 데 사용한다.

* RE 카메라의 높이는 골퍼의 허리보다는 높게 등의 중간보다는 낮게 위치한다.
* RE 카메라의 위치는 골퍼의 어드레스 자세의 중앙에 위치한다.

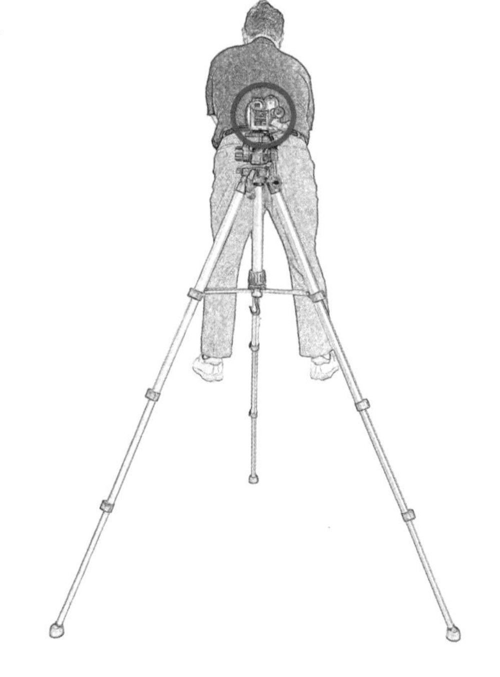

4) 'From the target'(FT 또는 FTT) - 타깃 방향으로부터 골퍼를 향하는 측면

카메라의 위치와 방향은 타깃 방향에서 골퍼를 향한다.
분석 영상은 타깃 방향에서부터 골퍼를 향하는, 즉 역측면 영상이다.

FT 분석 영상을 만들 때 매우 주의해야 할 점이 있다. 분석 영상을 촬영할 때 촬영자가 골프 동작 분석의 촬영 방법에 대해서 충분한 시간 동안 훈련을 받고, 제대로 이해해야 한다는 것이다.

FT 분석 영상을 촬영하는 경우에 카메라의 위치 선정을 잘못하면 자칫 사고가 발생할 위험이 있기 때문이다. 제대로 된 촬영 방법으로 분석 영상을 만든다면 그럴 일이 없지만, 카메라 장비가 공에 맞는 위험한 상황을 걱정해서 카메라 위치가 정확하지 않다면 객관적인 분석 영상을 만들 수 없다.

* FT 카메라의 위치는 골퍼의 얼라이먼트와 평행하고, 왼쪽 손등과 일직선으로 위치한다.

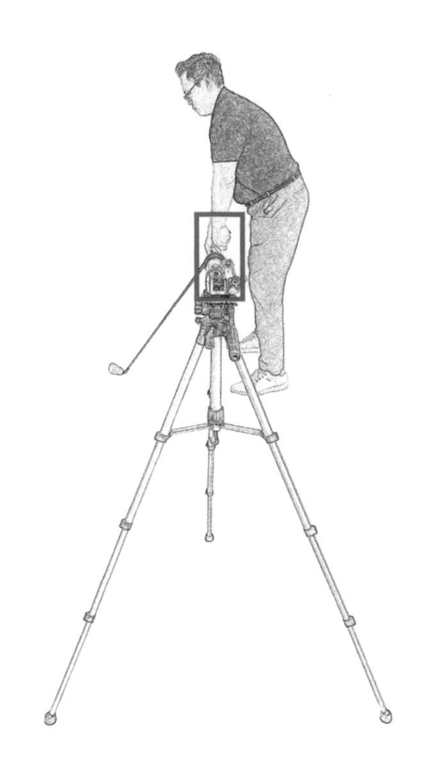

* FT 카메라의 높이는 허리보다 높게, 가슴보다는 낮게 위치한다.

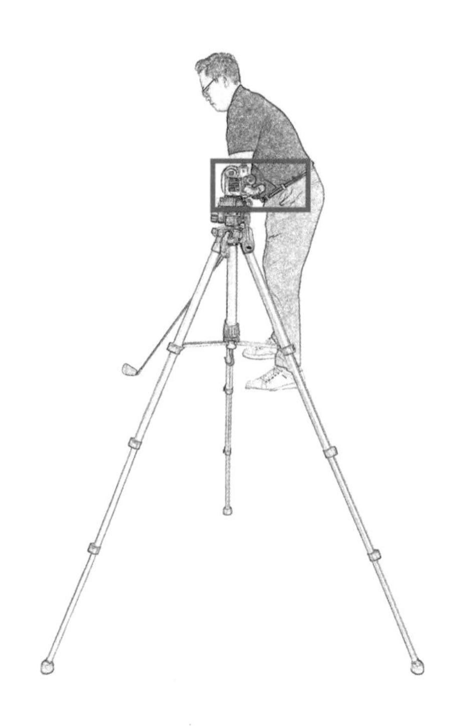

FT에서 분석 영상을 만들 때 또 다른 주의 사항이 있다.

FT의 촬영은 영상 촬영자가 판단하기에 오직 실력이 좋은 골퍼에 한해서 촬영해야 한다. 미스 샷을 했을 때 사고의 위험이 있기 때문에 초보자나 핸디캡이 높은 골퍼의 경우에는 FT의 분석 영상 촬영을 추천하지 않는다.

Ⅲ 골프 스윙 동작 분석 이론

골프를 하는 데 있어서 스윙과 동작을 촬영하고 분석하는 경험은 골퍼마다 다양하게 있다. 진단 전문가(분석가, A diagnostician)가 분석을 하거나 코치가 분석을 하거나, 골퍼가 자신의 스윙을 스스로 분석을 하는 경우도 있다. 또한 온라인 레슨과 같이 분석 영상 촬영자와 분석을 하는 사람이 다른 경우 등 다양하다.

지금부터 객관적이고 정확한 분석을 하기 위해서 골프 스윙과 동작 분석을 하기 전에 반드시 확인해야 할 사항에 대해서 알아보겠다.

분석을 하기 전에 미리 확인해야 할 내용은 다음과 같다.

① 골퍼의 구력과 평균 타수가 어느 정도인지를 확인한다.

골퍼의 구력이 오래되었다고 해서 골퍼의 평균 타수가 반드시 낮지는 않다. 하지만 구력이나 평균 타수에 따라서 분석의 초점이 달라질 수 있다. 예를 들어서 핸디캡이 높거나, 초보자가 스윙이나 샷에 문제가 있다면, 우선적으로 몸과 클럽의 움직임이 어떠한 문제를 만드는가에 대한 분석을 해야 한다.

하지만 경력이 오래된 골퍼 또는 핸디캡이 낮은 골퍼의 경우에는 골퍼가 의도를 해서 만든 동작인지 또는 오래된 습관에 의한 보상동작인지, 이러한 동작들이 샷에 어떠한 영향을 미치는가를 분석하면서 문제의 근본적인 원인이 무엇인지에 대해서 분석을 해야 한다.

또한 어드레스에 문제가 있더라도 구력이 오래된 골퍼 또는 핸디캡이 낮은 골퍼의 경우에는 프리 샷 루틴 전체를 미리 촬영을 해서 분석하는 방법이 골퍼의 습관으로 만들어진 어드레스 문제점의 원인을 찾는 데 도움이 된다.

② 골퍼가 플레이할 때 발생하는 문제점이 무엇인지 확실하게 확인한다.

스윙을 분석하기 전에 골퍼의 문제점이 무엇인지 그리고 라운드를 할 때와 연습할 때의 차이가 있는지 확인을 해야 한다. 만약 차이가 있다면 어떠한 차이가 있는지에 대한 질문을 통해서 골퍼의 문제점에 대한 정보를 확실하게 확인해야 한다.

③ 문제가 주로 특정한 환경이나 또는 특정한 상황에서 발생하는지 확인한다.

분석을 하기 전에 골퍼가 특별히 실수를 많이 하는 상황이 있는지 확인해야 한다.

대표적인 예는 다음과 같다.

- 경사에서의 샷
- 골퍼의 시야에 OB 지역이나 헤저드가 보이는 경우
- 라운드의 첫 번째 홀에서의 티 샷
- 티 박스의 방향
- 바람의 방향 또는 바람이 심한 경우
- 갤러리가 많은 경우

등의 다양한 상황에 대해서 미리 확인을 한다면 분석하는 데 도움이 된다.

④ 골퍼의 문제가 언제부터 시작되었는지 확인한다.

분석을 할 때 문제가 발생한 기간이 길거나 또는 오랜 습관을 가지고 있는 경우에는 골퍼의 문제의 근본 원인을 진단하는 것이 더 복잡할 수 있다. 골퍼에게 문제가 발생한 기간에 따라서 문제를 악화시키는 원인과 연관성에 대해서 충분하게 설명해야 한다. 만약 분석 후에 골퍼가 문제의 해결을 원한다면 문제가 발생한 기간이나 오랜 습관에 따라서 시간과 노력이 더 필요할 수도 있다.

⑤ 문제점에 대해서 골퍼 스스로가 원하는 결과는 무엇인지 확인한다.

골퍼의 선택에 따라서 문제점의 근본적인 원인을 제거하는 것과 골퍼가 원하는 샷이나 스윙을 만드는 것에는 차이가 있다. 프로골퍼나 핸디캡이 낮은 골퍼의 경우, 그들이 원하는 문제점 중에서 특정 부분에 대해서만 교정하기도 한다. 또는 그들은 문제점을 고치는 것이 아니라, 단지 문제가 일관성 있게 만들어지는 것을 원하는 경우도 있다.
하지만 대부분의 골퍼들은 원하는 스윙이나 샷의 종류가 무엇인지, 그리고 원인에 따라서 문제 해결의 가능성과 방향에 대해서도 의논해야 한다.

⑥ 골퍼가 플레이를 할 때 신체와 개인적인 특징에 의해서 영향을 받는지 반드시 확인을 한다.

골퍼가 잘못된 스윙이나 샷을 하고 있을 때, 신체적인 특징에 따라서 스윙이 만들어지는 경우가 있다.

대표적인 예는 다음과 같다.

- 몸의 자세
- 걸음거리
- 주시
- 호흡
- 근력

- 유연성
- 관절의 가동범위
- 과거에 다른 운동의 경험 여부
- 직업
- 신체의 특징
- 부상의 여부

등의 다양한 조건들이 스윙에 어떠한 영향을 미치는지 유심히 관찰해야 한다.

골퍼의 신체와 개인적인 특징에 의해서 문제가 만들어진다면, 근본적인 원인을 진단하는 시선을 다양하게 접근해야 한다. 이러한 경우에는 분석가의 진단만이 아니라 의사, 재활 훈련 전문가, 트레이너 등의 도움이 필요할 수도 있다.

⑦ 분석 영상을 만들 때 사용한 클럽을 확인한다.

분석가는 분석 영상을 만들 때 사용한 클럽과 주로 문제가 만들어지는 클럽이 일치하는지 분석을 하기 전에 확인해야 한다. 분석 영상을 만들 때는 골퍼가 주로 문제가 발생하는 클럽을 사용해서 촬영을 해야 한다.

⑧ 분석 영상이 정확하게 만들어졌는지 확인하고, 영상을 촬영할 때 설정한 타깃과 환경에 대해서 확인해야 한다.

분석을 하기 전에 분석 영상이 흔들리지는 않는지, 클럽의 헤드와 샤프트가 정확하게 보이는지, 분석 영상의 수평이 설정되어 있는지 등을 확인해야 한다. 분석 영상의 카메라의 방향, 위치, 높이의 설정이 골퍼가 샷을 하는 상황에 따라서 제대로 설정되었는지 분석을 하기 전에 미리 분석 영상을 확인해야 한다.

예를 들면, 골퍼는 핀의 위치나 페어웨이의 경사에 따라서 얼라이먼트를 설정해서 샷을 해야 하는 경우가 있다. 또는 골퍼가 OB, 벙커를 피하기 위해서 얼라이먼트를 설정하는 경우도 있다.

이때, 카메라의 위치 설정은 골퍼의 얼라이먼트에 따라서 설정하고 분석 영상을 촬영해야 한다. 만약 가능하다면 촬영을 하기 전에 이러한 사항을 주의해서 촬영하는 것이 정확한 분석 영상을 만드는 데 도움이 된다.

이 외에도 분석을 하는 데 있어서 반드시 알아 두어야 할 추가적인 중요한 사항들이 있다.

골프 동작 분석을 할 때, 도형이나 선을 만드는 위치는 클럽과 몸의 움직임을 구분할 수 있는 기준이 되는 위치에 설정해야 한다. 그렇게 한다면 움직임을 명확하게 분석할 수 있고, 필요에 따라서 비교할 수 있다. 동작 분석에서 매우 중요한 부분은 기준을 정하고 명확하게 분석을 하면서 진단하는 과정을 보여 주는 것이다.

분석을 할 때, 분석가는 자신의 이론을 강조하기 위해서 선이나 도형을 자주 사용한다. 하지만 선과 도형을 표시하는 기준이 명확하지 않다면 분석을 하고 비교를 하는 대상이 불분명해진다. 이러한 방법은 단지 분석을 하는 사람의 일방적인 의견 전달이 된다. 따라서 선이나 도형을 만들 때 위치 선정을 신중하게 해야 한다.

골퍼의 움직임, 자세와 밸런스의 변화, 스윙 축의 움직임을 분석하기 위해서는 이미 스윙이 시작되었을 때보다는 정적인 어드레스 상태에서 선과 도형으로 미리 위치를 표시함으로써 기준을 만든 후에 분석하는 것이 바람직하다.

또 다른 사항으로는 분석을 할 때 선이나 도형의 색을 다음과 같이 사용하는 것을 추천한다.

- 기준을 정하거나, 긍정적인 움직임은 파란색 또는 초록색을 사용한다.
- 움직임의 차이가 있거나, 주의를 해야 한다면 노란색이나 주황색을 사용한다.

- 강조하고 싶거나, 잘못된 움직임은 붉은색을 사용한다.

신호등의 체계를 보고 사람이나 차량이 통행을 이해하는 것과 같은 원리이다. 거리의 신호등이 전 세계의 공통의 신호체계여서 사람들이 외국에 가더라도 신호체계를 어느 정도는 이해하기 쉬운 것과 마찬가지이다.

분석을 할 때에도 신호등 색의 체계를 인용해서 선이나 도형을 만든다면 골퍼가 분석의 내용을 잘 이해하지 못하거나, 분석가와 골퍼가 서로 언어의 차이가 있다고 하더라도 색의 종류에 따라서 분석 영상을 본다면 분석을 좀 더 잘 이해하는 데 도움이 될 것이다.

마지막으로 분석가는 동작 분석을 할 때 보여지는 진단의 결과를 최대한 객관적으로 골퍼에게 전달해야 한다. 골퍼는 자신의 느낌이나 생각으로 샷과 스윙에 대해서 표현을 할 수 있다. 하지만 분석가는 골퍼에게 자신의 느낌이나 생각으로 설명을 하거나 정보를 전달해서는 안 된다.

1. 골프 스윙 동작 분석 이론

모든 골프 동작 분석을 할 때, 골퍼의 움직임과 스윙은 구간으로 구분한다. 그 이유는 이전의 구간 완성 이후부터 현재 구간의 완성까지의 과정을 분석하기 위해서다.

스윙의 구간은 각각의 스윙 포지션(Swing position)의 연속된 움직임에 의해서 완성된다. 본문의 'Analysis Stage 4. 테이크 어웨이 1'의 구간부터 해당된다. 또한, 어드레스와 얼라이먼트가 만들어지는 과정인 프리 샷 루틴의 과정을 분석하기 위해서다.

1) 골프 스윙 동작 분석 구간(Analysis Stage)

▶ Analysis Stage 1. 어드레스 [Address]

▶ Analysis Stage 2. 프리 샷 루틴 [Pre-shot routine]

▶ Analysis Stage 3. 얼라이먼트 [Alignment]

▶ Analysis Stage 4. 테이크 어웨이 1 - 백스윙: 클럽이 7시까지
[Takeaway 1 - Until the club is at the 7 o'clock position in the backswing]

▶ Analysis Stage 5. 테이크 어웨이 2 - 백스윙: 클럽이 지면에 평행할 때까지
[Takeaway 2 - Until the club is parallel to the ground in the backswing]

▶ Analysis Stage 6. 백스윙: 왼팔이 지면에 평행할 때까지
[Until the left arm is parallel to the ground in the backswing]

▶ Analysis Stage 7. 백스윙의 탑까지
[Until the top of the backswing]

▸ Analysis Stage 8. 전환 [Transition]

▸ Analysis Stage 9. 다운스윙: 왼팔이 지면에 평행할 때까지
[Until the left arm is parallel to the ground in the downswing]

▸ Analysis Stage 10. 다운스윙: 클럽이 지면에 평행할 때까지
[Until the club is parallel to the ground in the downswing]

▸ Analysis Stage 11. 임팩트까지 [Until the impact]

▸ Analysis Stage 12. 팔로우 스로우: 클럽이 지면에 평행할 때까지
[Until the club is parallel to the ground in the follow through]

▸ Analysis Stage 13. 팔로우 스로우: 양손이 가장 높은 위치까지
[Until the hands are at the highest position in the follow through]

▸ Analysis Stage 14. 피니쉬까지 [Until the finish]

2) 골프 스윙 동작 분석 순서

골프 스윙 동작 분석을 할 때, 분석 순서는 다음과 같다.

첫 번째, 몸의 움직임을 먼저 분석을 한다.

몸에서 가장 높은 위치인 머리부터 분석을 시작한다. 그리고 상체나 하체의 움직임을 분석을 한다. 상체와 하체의 분석 순서는 분석가에 따라서 달라질 수 있다.

두 번째, 손, 손목, 팔, 어깨 관절의 움직임을 몸의 움직임과 비교 분석을 한다.

세 번째, 클럽의 움직임과 클럽 헤드 페이스의 상태를 분석한다.

골프 스윙 동작 분석의 순서가 만들어진 이유는 다음과 같다.

스윙을 할 때 골퍼는 손으로 클럽을 쥐고 손목, 팔꿈치, 그리고 어깨 관절의 움직임으로 클럽을 움직인다. 즉, 클럽의 움직임을 만드는 것은 골퍼의 손, 손목, 팔꿈치, 그리고 어깨관절이다. 그리고 손, 손목, 팔꿈치, 어깨 관절의 움직임은 골퍼의 몸의 움직임에 영향을 많이 받는다.

몸의 움직임은 머리의 움직임, 상체와 하체의 움직임에 의해서 만들어진다. 또한 몸의 움직임은 골퍼의 어드레스 포지션에 의해서 영향을 많이 받는다.

단 'From the target' 방향에서 분석할 때, 분석가의 필요에 따라서 클럽과 손, 팔의 움직임을 먼저 분석할 수도 있다. 골프 스윙 동작 분석뿐만 아니라 숏 게임 동작 분석과 퍼팅 동작 분석 순서 역시 동일하다.

Analysis Stage 1

어드레스

Address

동작 분석에 있어서 어드레스 구간은 가장 중요하고 광범위하다.

분석가는 어드레스를 분석을 할 때 어드레스 포지션(Address Position)과 어드레스 파스처(Address Posture)를 구분해서 분석해야 한다.

먼저 어드레스, 어드레스 포지션, 어드레스 파스처에 대해서 정확하게 알아보겠다.

골프 동작 분석 이론에서는 다음과 같이 정의한다.

어드레스는 어드레스 포지션이다.
어드레스 포지션은 공, 클럽 그리고 어드레스 파스처가 포함된다.

어드레스 파스처는 어드레스 포지션에서 공과 클럽을 제외한 것이다.
오직 골퍼의 몸의 자세가 어드레스 파스처이다.

어드레스 포지션과 어드레스 파스처는 서로 많은 연관이 있다. 골퍼의 신체조건, 습관 등에 따라서 어드레스 파스처가 만들어진다. 그리고 이렇게 만들어진 어드레스 파스처가 어드레스 포지션에 어떠한 영향을 주는가에 대해서 분석해야 한다.

또한 공이 놓여 있는 위치, 사용하는 클럽, 스윙과 샷의 종류 그리고 샷을 할 때의 환경 등에 따라서 어드레스 포지션이 어떻게 만들어지는가에 대해서도 분석해야 한다. 그러므로 분석가는 어드레스 포지션과 어드레스 파스처를 반드시 정확하게 구분해서 분석해야 한다.

본문에서 설명하겠지만, 어드레스 포지션과 얼라이먼트를 분석하는 데 가장 확실한 방법은 프리 샷 루틴을 분석하는 것이다.

* 어드레스 파스처는 골퍼의 신체로부터 영향을 많이 받는다.

그러므로 분석가는 분석을 하기 전에 어드레스 파스처에 영향을 주는 골퍼의 신체 조건과 특징에 대해서 세밀하게 파악해야 한다. 그리고 이러한 절차는 정확한 동작 분석을 하는 데 큰 도움이 된다,

하체에서는, 골반의 기울기, 양쪽 다리의 길이 차이, 다리의 형태, 무릎의 꺾인 정도와 형태, 발목의 형태, 발바닥 아치의 상태, 발가락의 형태, 그리고 골반의 크기와 허벅지 두께의 비교를 미리 파악해야 한다. 그리고 나서 골반, 무릎, 발목, 발가락의 가동 범위와 발의 밸런스를 점검해야 한다.

상체에서는, 머리와 어깨의 기울기, 목의 길이와 두께, 척추의 기울기, 팔과 손, 손목의 형태, 팔꿈치의 꺾인 정도와 형태(Carrying angle 포함), 손가락의 형태, 손바닥과 손가락의 비율, 그리고 팔의 두께와 상체의 두께의 비교를 미리 파악해야 한다. 그리고 나서 목과 턱의 가동 범위, 어깨와 팔꿈치, 손목의 가동 범위 또한 점검해야 한다.

또한 상체와 하체의 비율, 골퍼의 걸음걸이, 서 있는 자세, 앉은 자세, 그리고 가능하다면 대화할 때 시선이나 호흡을 유심히 관찰하면 어드레스 파스처에 영향을 주는 골퍼의 신체적 특징을 파악할 수 있다.

Analysis Stage 1-1 'Down the line' 분석 포커스

'DL'에서 어드레스를 분석할 때, 척추의 기울기가 적당한지, 골퍼의 무릎이 구부려 있는 정도가 적당한지, 골퍼의 체중이 발의 어느 부위에 위치해 있는지, 그리고 클럽의 기울기가 라이 앵글에 따라서 만들어져 있는지 등을 분석해야 한다. 이러한 세부사항들은 골퍼의 움직임에 영향을 미칠 수 있다.

골퍼마다 신체 조건이 다르고, 샷을 하는 위치가 평지인지 또는 경사인지에 따라서, 클럽이 골퍼의 신체에 적합한지 그리고 날씨 등 다양한 조건에 따라서 어드레스가 달라질 수 있다. 따라서 이러한 다양한 조건이나 상황과 상관없이 어드레스 분석을 객관적으로 할 수 있는 기준이 필요하다.

어드레스에서 상체의 기울기나 무릎의 구부린 정도와 체중의 위치, 둔부의 위치를 분석할 수 있는 기준이 되는 라인을 밸런스 라인이라 한다. 골퍼의 머리를 포함해서 상체가 공 방향으로 기울어져 있는 정도 그리고 둔부의 위치와 무릎의 구부린 정도에 따라서 체중이 분포된 위치를 점검한다. 체중의 위치를 점검하는 것은 곧 어드레스 자세의 밸런스를 점검하는 것이다.

밸런스 라인은 'DL'에서 어드레스에서 체중의 배분된 위치와 골퍼의 자세를 점검할 수 있는 대표적인 분석의 기준이다.

분석가의 이론에 따라서 밸런스 라인을 설정할 때 기준이 되는 위치는 다를 수 있다. 하지만 어드레스는 스윙에 영향을 많이 미치므로 정확한 스윙 분석을 하기 위해서는 우선 어드레스 자세(Posture)의 분석을 정확하게 해야 한다.

'DL'에서 밸런스 라인을 만드는 방법은 세 가지이다.

1. 어깨의 앞부분에서부터 지면에 수직으로 밸런스 라인을 만든다.

2. 어깨의 뒷면에서부터 지면에 수직으로 밸런스 라인을 만든다.

3. 둔부의 뒤에서부터 지면에 수직으로 밸런스 라인을 만든다.

둔부의 뒤에서부터 지면에 수직으로 만드는 밸런스 라인은 어드레스뿐만 아니라, 스윙을 하는 동안에 골퍼의 하체의 움직임과 체중의 이동의 변화, 밸런스의 변화를 분석을 하는 데 사용된다.

어드레스에서 상체가 어느정도 기울어져 있는지 그리고 둔부의 위치를 분석한다. 상체를 숙이는 정도와 둔부의 위치에 따라서 손의 위치가 달라지고 손의 위치가 달라지면 그립의 끝이 향하는 방향도 달라진다.

또한, 클럽의 기울기 역시 달라지므로 클럽 헤드가 지면에 놓여 있을 때 클럽 헤드의 힐(Heel)과 토우(Toe)의 위치를 함께 분석해야 한다.

Analysis Stage 1-2 'Down the line' 분석 포커스

공과 골퍼 사이의 거리는 골퍼의 신체조건, 사용하는 클럽 그리고 샷의 종류에 따라서 만들어진다. 그리고 공과 골퍼 사이의 거리에 따라서 어드레스, 특히, 손의 위치, 클럽의 기울기, 팔이 구부러진 정도, 팔의 경직된 정도, 그립의 압력이 달라진다.

공과 골퍼 사이에 거리를 분석하는 대표적인 방법은 다음과 같다.

- 공에서부터 스탠스 앞(발가락 끝)까지 거리를 측정한다.
- 클럽의 그립 끝에서부터 골퍼의 허벅지 앞까지 거리를 측정한다.

어드레스에서 공과 스탠스 사이에 거리 또는 그립 끝과 골퍼 사이에 거리가 너무 멀어지면 양쪽 팔이 매우 곧게 펴지게 된다. 또한, 거리가 멀어져서 팔이 곧게 펴진다면, 손의 위치가 정상적인 손의 위치보다 낮아질 가능성이 크다. 손의 위치가 낮아지면 클럽의 그립 끝이 가리키는 방향 역시 낮게 향하게 된다. 즉, 클럽의 기울기가 손의 위치에 따라서 낮아지게 된다.
그리고 클럽의 기울기가 매우 낮아지면, 클럽 헤드의 토우가 지면에서부터 많이 들어올려져 있게 된다.

반대로 어드레스에서 공과 스탠스 사이에 거리 또는 그립 끝과 골퍼 사이에 거리가 너무 가까워지면 팔과 몸 사이의 공간이 좁아진다. 또한, 손의 위치가 정상적인 위치보다 높아지게 될 가능성이 크다. 손의 위치가 높아지면 클럽의 그립 끝이 가리키는 방향 역시 높게 향하게 된다. 즉, 클럽의 기울기가 손의 위치에 따라서 높아지게 된다. 그리고 클럽의 기울기가 매우 높아지면, 클럽 헤드의 힐이 지면에서부터 많이 들려져 있게 된다.

공과 골퍼 사이에 거리는 스윙 플레인(Swing Plane)에도 영향을 준다. 이러한 모든 이유로 어드레스에서 공과 골퍼 사이의 거리가 적절하게 설정되어 있는지 제대로 분석해야 한다.

Analysis Stage 1-3 'Face on' 분석 포커스

'FO' 분석을 할 때 다음과 같은 사항을 준수해야 한다.

① 샷의 종류와 샷의 환경에 대해서 확인한다.

어드레스 포지션은 골퍼가 만들고자 하는 샷의 종류, 샷을 할 때의 환경, 사용한 클럽 등에 따라서 달라진다.

예를 들면, 드로우 샷과 페이드 샷을 할 때의 얼라이먼트는 다르다. 또 다른 예로, 내리막 경사에서의 샷과 오르막 경사에서의 샷을 할 때의 어드레스의 기울기는 서로 다르다. 이때, 클럽의 기울기 또한 다를 수 있다. 그러므로 사전에 위와 같은 정보를 확인을 해야 한다.

② 어드레스 파스처를 분석을 한다.

머리는 신체에서 매우 무거운 부위 중에 하나이다. 그리고 척추의 가장 높은 부분에 위치해 있다. 어드레스 파스처를 분석할 때, 머리의 위치는 척추의 기울기와 체중의 배분과 매우 관련이 있다. 머리의 위치와 체중의 배분은 골퍼가 만들고자 하는 샷이나 샷을 하는 환경에 적합하게 바뀌어야 한다. 예를 들면, 경사에서의 샷이나 샷의 높낮이를 조절하는 경우이다.

골퍼가 의도한 샷에 적합하게 머리의 위치와 체중의 배분이 일치하지 않는다면, 어드레스 포지션은 제대로 만들어지지 않았을 가능성이 매우 크다. 그리고 어드레스 파스처의 밸런스 역시 좋지 않을 것이다. 골퍼의 의도와는 상관없이 척추나 골반이 심하게 기울어지거나, 양쪽 무릎의 높이가 달라질 수도 있다. 그러므로 어드레스 파스처 분석을 할 때, 머리의 위치와 척추의 기울기, 그리고 체중의 배분에 대해서 자세하게 비교하고 분석해야 한다.

③ 골퍼가 사용한 클럽과 만들고자 하는 샷에 적합한지 어드레스 포지션을 분석한다.

대표적인 방법은 어깨의 넓이를 기준으로 스탠스의 넓이를 분석하는 것이다. 그리고 스탠스가 어느정도 클로즈 또는 오픈되어 있는지 분석해야 한다.

공의 위치도 매우 중요하다. 사용한 클럽에 따라서 또는 골퍼가 만들고자 하는 샷의 종류에 따라서 공의 위치도 정확하게 위치해야 한다. 공의 위치를 분석하는 방법은 스탠스를 기준으로 분석하거나 또는 어드레스 포지션 전체를 기준으로 분석하는 방법이 있다.

양쪽 팔과 양쪽 팔꿈치 오금의 위치와 상태를 분석해야 한다. 그리고 팔의 위치가 상체의 앞에 자연스럽게 설정되어 있는지 비교한다. 팔과 상체의 얼라이먼트를 분석할 수 있다. 양쪽 팔과 양쪽 팔꿈치 오금의 위치와 방향, 구부러져 있는 정도는 그립의 모양과 손의 압력, 그리고 클럽의 기울기에 영향을 준다.

손의 위치와 클럽의 기울기, 그리고 공의 위치가 골퍼가 만들고자 하는 샷에 적합한지 분석해야 한다. 또한 클럽 헤드 페이스의 에임이 골퍼가 만들고자 하는 샷에 적합하게 설정되었는지 분석해야 한다.

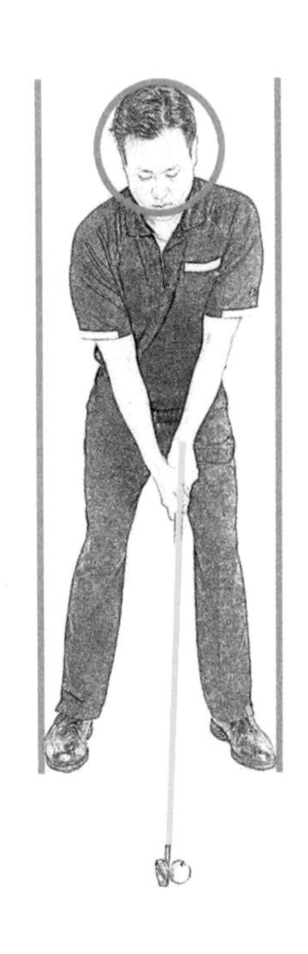
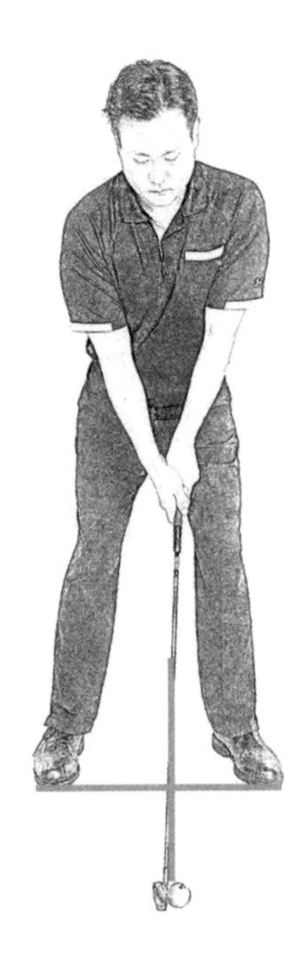
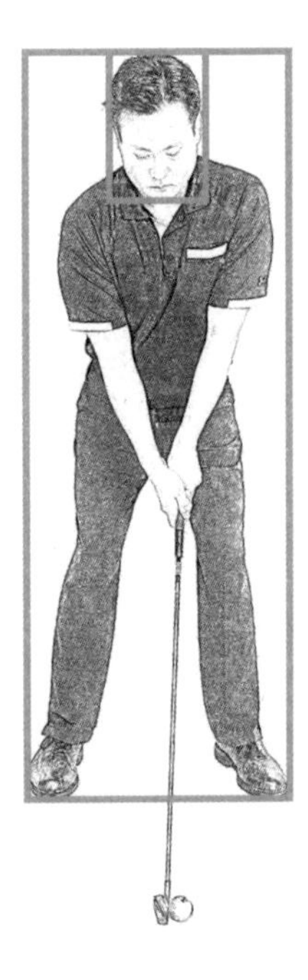

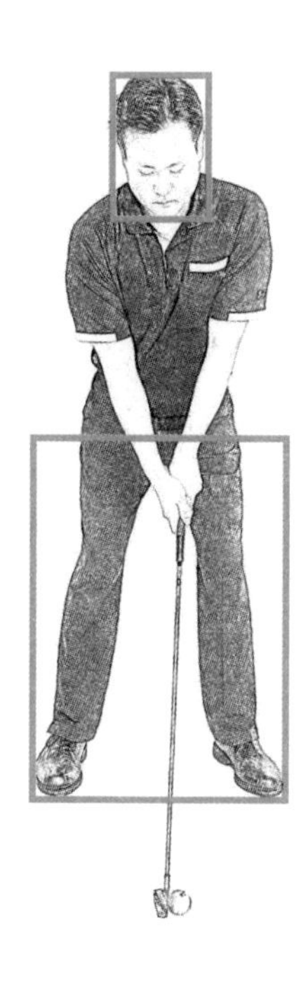

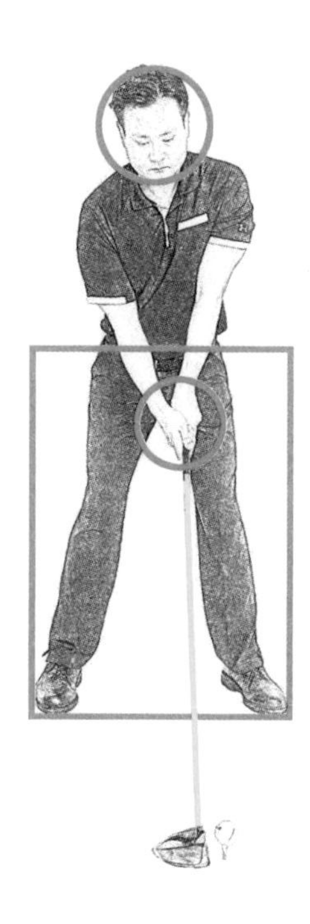

Analysis Stage 1-4 'Rear' 분석 포커스

'RE'의 분석은 'FO'보다 어드레스 파스처의 기울기를 정확하게 분석할 수 있다. 그 이유는 클럽이나 공에 상관없이, 골퍼의 자세만을 분석할 수 있기 때문이다.

* 'Rear'에서 무릎을 분석을 할 때는 무릎의 오금의 위치와 상태를 분석한다.

'RE' 분석 포커스는 다음과 같다.

① 어드레스 파스처 전체의 기울기를 분석한다.

먼저 어깨 넓이를 기준으로 스탠스의 넓이를 비교한다. 골퍼가 의도한 대로 적절한 스탠스의 넓이가 설정되었는지 확인한다. 그리고 나서 스탠스의 폭을 기준으로 어드레스 파스처의 기울기를 분석해야 한다.

② 머리의 위치와 척추의 기울기를 비교 분석한다.

머리의 위치와 척추의 기울기는 많은 연관이 있다. 머리의 위치에 따라서 척추의 기울기가 달라질 수 있다. 또한, 체중의 배분과 밸런스에 영향을 미친다.

③ 상체와 하체의 기울기를 비교 분석한다.

상체와 하체의 기울기가 서로 일치하지 않는 경우가 있다. 머리와 상체의 위치를 골반의 기울기와 하체의 위치와 비교 분석을 해야 한다. 만약에 상체와 하체의 기울기가 다르다면, 골퍼의 체중이 어떻게 배분되어 있는지를 확인해야 한다.

④ 'RE' 분석 결과와 'FO' 분석 결과를 비교해야 한다.

어드레스 파스처에 대한 'FO'와 'RE'의 분석 결과는 일치해야 한다.

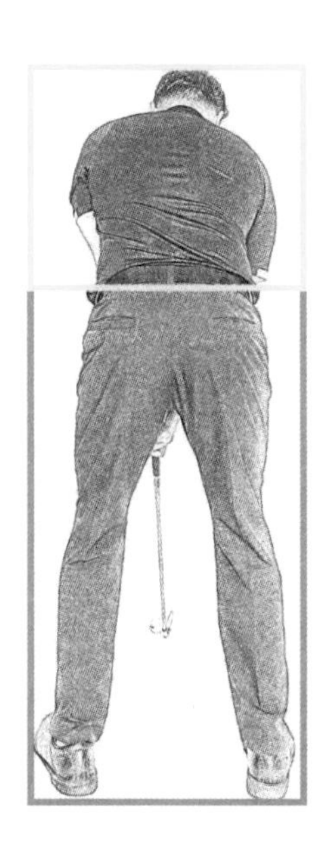

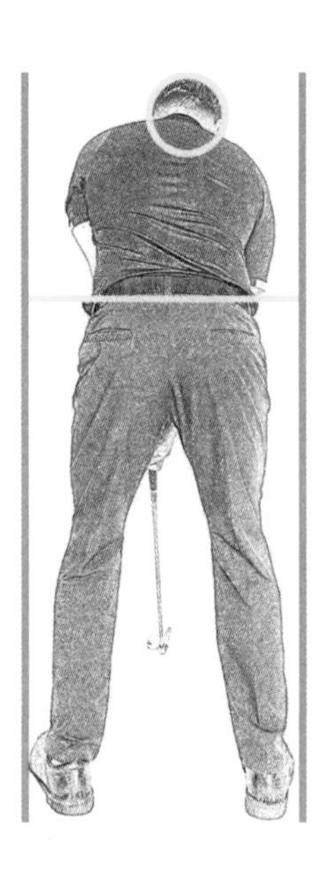

Analysis Stage 2

프리 샷 루틴

Pre-shot routine

프리 샷 루틴이란, 골퍼가 샷을 하기 전에 일관되게 반복하는 생각과 행동의 과정이다. 프리 샷 루틴의 목적은 어떠한 상황에서도 골퍼가 원하는 결과를 일관되게 만드는 것이다.

스윙 동작 분석을 할 때, 문제의 근본적인 원인을 진단하는 가장 확실한 방법은 프리 샷 루틴을 분석하는 것이다. 프리 샷 루틴은 그립, 어드레스, 얼라이먼트, 스윙 그리고 샷의 결과에 많은 영향을 준다.

프리 샷 루틴의 예를 들면 다음과 같다.

1. 골퍼는 타깃을 살피고 연습스윙을 한다.
2. 생각을 정리하고, 호흡을 가다듬는다.
3. 샷을 하기 위해서 공에 접근한다.
4. 골퍼가 의도한 샷을 만들기 위해서 클럽과 몸을 타깃 방향으로 정렬한다.
5. 골퍼만의 웨글(Waggle)을 하고 준비가 되면, 타깃에 집중해서 샷을 한다.

많은 골퍼는 일관된 프리 샷 루틴을 만들기 위해서 반복 연습을 한다. 특히 핸디캡이 낮은 골퍼나 프로골퍼의 경우는 샷을 할 때마다 자신만의 매우 일관된 프리 샷 루틴을 하는 것을 볼 수 있다.

스윙 동작 분석을 할 때, 문제가 발생하는 근본적인 원인을 파악하기 어려운 경우, 골퍼가 오랜 습관을 가지고 있는 경우, 그리고 골퍼 자신도 모르게 무의식적으로 만들어지는 행위의 경우에는 진단이 어려울 수 있다. 그러므로 이러한 경우에 분석가는 반드시 골퍼의 프리 샷 루틴을 세밀하게 분석해야 한다.

'Down the line' 프리 샷 루틴

Analysis Stage 2-2 'Face on' 프리 샷 루틴

Analysis Stage 2-3 프리 샷 루틴 분석의 중요성

프리 샷 루틴은 샷을 하기 전까지의 모든 과정이다. 샷을 하기 전 아주 사소한 행동에 의해서 스윙이나 샷의 결과가 달라질 수 있다. 프리 샷 루틴을 분석하면 이러한 문제를 진단할 수 있다.

문제가 발생하는 다양한 경우는 다음과 같다.

- 잘못 설정된 얼라이먼트에 의해서 샷의 결과가 달라지는 경우.
- 평소와 다른 플레이 속도, 또는 스윙의 리듬과 템포가 달라지는 경우.
- 연습을 할 때, 라운드를 할 때, 그리고 시합을 할 때 각 다른 스윙이 만들어지는 경우.
- 골퍼가 심리적으로 부담을 가지는 상황에서 플레이를 하면서 긴장하는 경우 등.

위와 같은 경우뿐만 아니라, 헤아릴 수 없을 만큼 다양한 원인에 의해서 문제가 만들어진다. 때로는 샷의 결과 그리고 스윙 동작 분석만으로는 문제의 근본적인 원인을 진단하기가 어려운 경우가 있다.

이러한 경우에 프리 샷 루틴 분석은 풀기 힘든 문제의 해답의 열쇠가 될 것이다. 또한 스윙 동작 분석뿐만이 아니라, 숏 게임과 퍼팅의 경우에도 프리 샷 루틴 분석을 잘 활용해야 한다.

프리 샷 루틴은 주로 'Down the line'과 'Face on' 방향에서 분석한다. 프리 샷 루틴 분석을 하기 위해서는 분석 영상을 만들 때, 프리 샷 루틴의 시작부터 스윙의 피니쉬까지 전체를 포함한 분석 영상을 만들어야 한다.

Analysis Stage 2-4 프리 샷 루틴의 분석 포커스

① 매번 샷을 하기 전에 골퍼의 동작이 일정한지 분석한다.

골퍼가 샷을 할 때마다 프리 샷 루틴의 동작이 다르다면 그립, 어드레스, 얼라이먼트, 스윙, 그리고 몸의 움직임에 영향을 준다.

② 프리 샷 루틴의 시간이 일정한지 분석한다.

프리 샷 루틴은 날씨, 샷을 할 때의 상황 그리고 다양한 환경에 따라서 달라질 수도 있다. 골퍼가 평소보다 프리 샷 루틴을 서두르거나 또는 너무 느리게 하는 경우에도 스윙의 리듬, 템포, 타이밍에 문제가 발생할 수 있다. 골퍼가 평소와 다르게 생각이 많은 경우에도 프리 샷 루틴을 하는 시간이 지체되어서 몸이 경직되는 문제가 발생할 수도 있다.

대부분 훌륭한 골퍼는 자신만의 일관된 동작과 일정한 시간을 사용해서 프리 샷 루틴을 만든다. 그러므로 골퍼가 프리 샷 루틴을 하는 동안의 시간이 일정한지 유심히 분석해야 한다.

③ 불필요한 동작 또는 특이한 동작을 하는지 분석을 한다.

분석가는 다음과 같은 사항을 확인해야 한다.

- 평소보다 연습 스윙을 많이 하거나 또는 연습 스윙을 제대로 하지 않는 경우.
- 골퍼가 평소에는 전혀 하지 않는 동작을 하는 경우.
- 프리 샷 루틴의 순서가 평소와 다른 경우.

불필요하거나 평소와 다른 동작이 골퍼가 샷을 하는 데 어떠한 영향을 주는가에 대해서 자세하게 분석해야 한다.

④ 잘못된 프리 샷 루틴이 만들어지는 원인에 대해서 분석해야 한다.

분석가는 다음과 같은 사항을 확인해야 한다.

- 골퍼의 오래된 습관이나 잘못된 동작에 의해서 만들어진 프리 샷 루틴의 경우.
- 급하게 서둘러서 만들어지는 프리 샷 루틴의 경우.
- 자신의 기량이나 신체조건과 상관없이 프로골퍼의 프리 샷 루틴을 무작정 따라하는 경우 등.

이러한 다양한 원인에 의해서 프리 샷 루틴이 잘못 만들어질 수 있으므로 주의해야 한다.

⑤ 프리 샷 루틴을 하는 동안 골퍼의 호흡이 일정한지 분석한다.

프리 샷 루틴을 하는 동안에 호흡이 일정하지 않다면, 몸이 경직되거나 골퍼 자신만의 스윙의 템포와 리듬이 변경될 수 있다. 골퍼의 몸의 움직임과 스윙이 평소와 다르다면 프리 샷 루틴을 하는 동안에 골퍼의 호흡을 분석하는 것이 도움이 될 수 있다.

⑥ 골퍼가 코스에서 특정한 방향을 피하거나 또는 방지하고자 하는 샷이 있는지 분석한다.

프리 샷 루틴을 할 때 골퍼는 원하지 않는 샷을 만들지 않기 위해서 얼라이먼트, 그립, 공의 위치 그리고 클럽 헤드 페이스를 의도적으로 설정하는 경우가 있다. 예를 들면, 슬라이스 샷을 방지하기 위해서 스윙을 하기 전에 클럽 헤드 페이스를 클로즈로 하고 샷을 하는 경우가 있다.

또 다른 예로, 우측 방향으로 샷을 만들지 않기 위해서 얼라이먼트를 타깃의 왼쪽으로 설정해서 샷을 하는 골퍼도 있다.

이러한 경우에 주의해야 할 점은, 잘못 설정된 클럽 헤드 또는 잘못 설정된 얼라이먼트를 발견했다 하더라도 보여지는 이러한 상황만을 무조건 분석해서는 안 된다. 분석가는 성급하게 진단하지 말고 골퍼가 의도한 것인지 또는 실수인지 반드시 확인해야 한다.

프리 샷 루틴을 자세하게 분석한다면, 골퍼가 왜 이러한 어드레스 또는 얼라이먼트를 만드는가에 대해서 정확하게 진단할 수 있다.

⑦ 분석 대상자의 신체 상태와 신체적 특성에 대해서 분석한다.

분석가는 프리 샷 루틴을 하는 동안 골퍼의 신체 상태와 신체적 특성에 대해서 상세하게 분석해야 한다(참고, Analysis Stage 1. 어드레스).

이러한 진단 방법은 분석의 정확도를 향상시킨다.

예를 들면, 골퍼의 주시(Dominant eye)의 위치에 따라서 어드레스, 얼라이먼트, 그리고 스윙, 등에 영향을 주는 경우도 있다. 주로 사용하는 손에 따라서도 프리 샷 루틴의 과정, 어드레스, 얼라이먼트, 골퍼의 동작, 등에 영향을 줄 수 있다. 또한, 프리 샷 루틴 과정에서 공에 접근하는 골퍼의 걸음걸이가 독특하거나 또는 특이한 어드레스를 만드는 경우 등 다양하다.

이러한 경우뿐 아니라, 골퍼에 따라서 독특한 신체적 특성을 가지고 있는 경우도 있다. 따라서 골퍼에 대한 신체적 정보를 정확하게 확인해야 하고, 프리 샷 루틴을 하는 동안에 골퍼의 동작을 자세하게 분석해야 한다.

Analysis Stage 3

얼라이먼트

Alignment

골프에서 얼라이먼트(정렬)는 클럽 헤드 페이스의 에임(Aim, 조준)과 골퍼의 정렬이다.

그립과 어드레스가 골프에서 가장 중요한 기본이라 한다면, 얼라이먼트는 코스에서 플레이를 할 때 가장 중요하다고 할 수 있다.

얼라이먼트는 플레이를 할 때 코스를 공략하는 방법에 따라서 설정하거나, 또는 드로우 샷이나 페이드 샷과 같이 골퍼가 만들고자 하는 샷에 따라서 얼라이먼트를 설정하기도 한다. 만약 코스에서 얼라이먼트 설정을 잘못한다면, 골퍼의 스윙이 완벽하더라도 샷의 결과는 좋지 않을 가능성이 크다.

스트레이트 샷의 얼라이먼트를 예를 들어 보겠다.

기차의 철도 선로(Railroad Tracks) 위에서 샷을 한다고 가정해 보자.

클럽 헤드 페이스는 타깃에 직각으로 설정한다.
클럽 헤드, 공 그리고 타깃은 오른쪽 트랙에 위치한다.

어드레스 파스처는 왼쪽 트랙에 위치한다.
골퍼의 어깨, 허리, 무릎 그리고 스탠스는 타깃(오른쪽 트랙)에 평행하게 위치한다.

공(오른쪽 트랙)과 발(왼쪽 트랙) 사이의 거리는 클럽의 길이에 따라서 다르게 만들어진다.

Analysis Stage 3-1 'Down the line' 분석 포커스

대부분의 얼라이먼트 분석은 'Down the line'에서 한다.

스트레이트 샷을 하기 위해서 클럽 헤드 페이스는 타깃에 직각으로 에임한다. 그리고 클럽 헤드 페이스의 에임 방향에 평행하게 어드레스 파스처의 얼라이먼트를 설정한다.

만약에 골퍼가 얼라이먼트를 잘못 설정한다면, 샷의 방향은 골퍼가 원하는 방향이 아니라 잘못 설정된 얼라이먼트에 따라서 만들어진다. 또는, 골퍼가 원하는 타깃 방향으로 샷을 만들기 위해서 잘못 설정된 얼라이먼트만큼의 보상동작을 만들어야 한다.

① 클럽의 헤드 페이스의 에임하는 방향을 분석한다.

클럽의 헤드 페이스가 에임하는 방향을 분석을 하기 위해서, 클럽 헤드 페이스의 에임 방향의 직선 후방으로 카메라의 위치를 설정한다. 그후에 확대(Zoom in)해서 분석 영상을 만든다. 이러한 촬영방법은 클럽 헤드 페이스가 타깃을 에임하고 있는지 분석할 때 매우 효과적이다. 클럽 헤드 페이스가 타깃을 제대로 에임하지 않을 때, 에임의 오차를 분석하는 데도 유용하게 사용할 수 있다.

② 상체의 얼라이먼트를 분석한다.

어깨와 양쪽 팔의 얼라이먼트를 분석한다. 골퍼가 스트레이트 샷을 만들고자 한다면, 어깨의 얼라이먼트는 골퍼가 정한 타깃에 평행해야 한다. 하지만 양쪽 팔의 얼라이먼트의 경우에는 골퍼의 팔과 몸의 굵기, 그립의 상태 등에 따라서 타깃에 평행하지 않는 경우도 있다.

③ 하체의 얼라이먼트를 분석한다.

골퍼가 스트레이트 샷을 하고 싶다면, 허리의 얼라이먼트는 타깃과 평행해야 한다. 또한 무릎의 얼라이먼트 역시 타깃에 평행해야 한다. 하체의 얼라이먼트를 분석할 때 가장 정확한 방법은 허리와 양쪽 무릎의 얼라이먼트와 그리고 둔부, 무릎 오금, 종아리의 얼라이먼트를 비교하는 것이다.

④ 스탠스의 얼라이먼트를 분석한다.

스탠스의 얼라이먼트를 분석할 때, 양쪽 발의 토우(Toes)과 양쪽 발의 힐(Heels)의 얼라이먼트를 비교해야 한다.

스탠스를 설정할 때, 골퍼마다 발이 오픈된 정도가 대부분 다르다. 그러므로 양쪽 발의 토우의 얼라이먼트와 힐의 얼라이먼트가 서로 다를 수 있다. 골퍼가 스트레이트 샷을 만들고자 한다면, 양쪽 발의 힐의 얼라이먼트는 골퍼가 정한 타깃에 평행해야 한다.

⑤ 상체와 하체의 얼라이먼트를 비교 분석한다.

골퍼가 스트레이트 샷을 만들고자 한다면, 특히 어깨, 허리 그리고 무릎의 얼라이먼트는 각각 평행하고, 또한 타깃 방향에도 평행해야 한다. 만약 상체의 얼라이먼트와 하체의 얼라이먼트가 평행하지 않다면, 골퍼가 의도한 것인지 그리고 샷의 결과에 어떠한 영향을 주는지에 대해서 분석해야 한다.

⑥ 클럽 헤드 페이스 에임과 어드레스 파스처의 얼라이먼트를 비교 분석한다.

골퍼가 스트레이트 샷을 만들고자 한다면, 클럽 헤드 페이스의 에임과 어드레스 파스처(양쪽 발 토우의 얼라이먼트 제외)의 얼라이먼트는 평행해야 한다.

만약 클럽의 헤드 페이스의 에임 설정이 타깃이 아니라면, 어드레스 파스처의 얼라이먼트 역시 올바르지 않게 설정되었을 가능성이 크다.

그리고 클럽 헤드 페이스의 에임과 어드레스 파스처의 얼라이먼트가 서로 평행하지 않다면, 골퍼가 의도한 것인지 그리고 샷의 결과에 어떠한 영향을 주는지에 대해서 분석해야 한다.

⑦ 골퍼가 만들고자 하는 샷에 적합하게 설정된 얼라이먼트인지 분석한다.

예를 들면, 페이드 샷 그리고 드로우 샷의 얼라이먼트의 분석이 대표적이다. 클럽 헤드 페이스 에임과 어드레스 파스처의 얼라이먼트가 골퍼가 의도해서 만드는 샷에 적합하게 설정되어 있는지 비교 분석해야 한다.

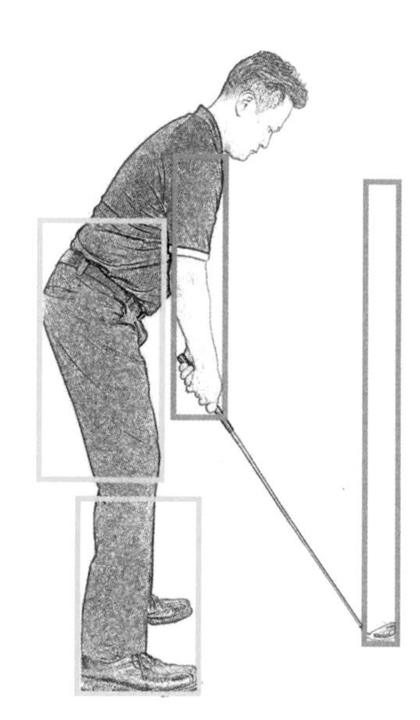

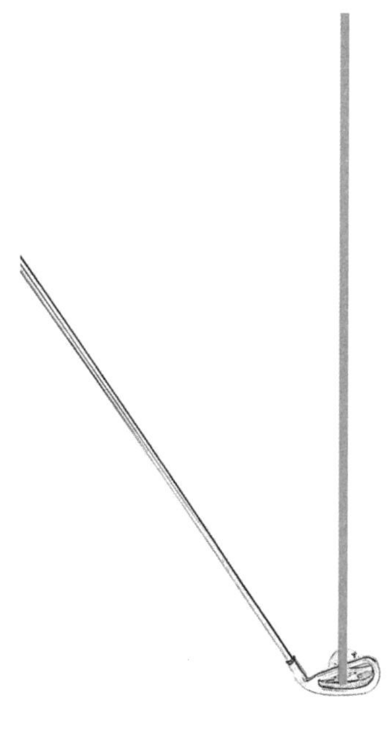

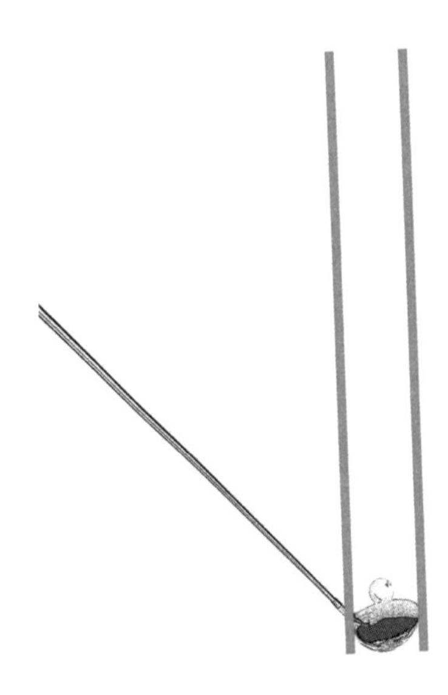

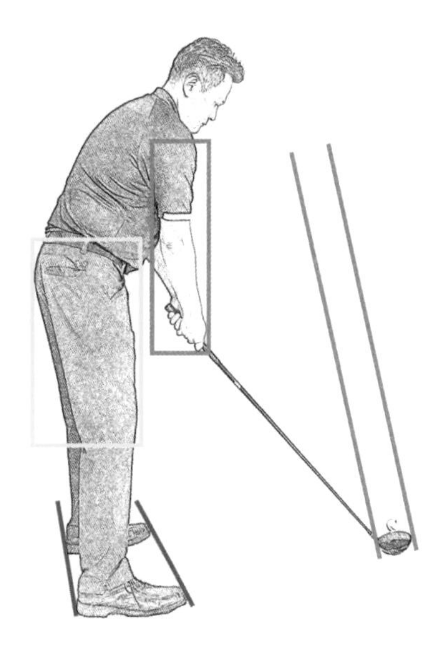

Analysis Stage 4

테이크 어웨이 1 - 백스윙: 클럽이 7시까지

Takeaway 1 – Until the club is at the 7 o'clock position in the backswing

'테이크 어웨이 1'은 스윙이 시작되는 구간이다. '테이크 어웨이 1'은 움직임이 가장 작은 구간이다. 하지만 이 구간에서 움직임이 스윙 전체의 움직임에 영향을 준다. 그러므로 스윙의 시작을 분석하는 것은 매우 중요하다.

'DL'에서 '테이크 어웨이 1'은 클럽 헤드의 움직임이 골퍼의 오른쪽 발의 바깥까지이다.

'Face on'에서 '테이크 어웨이 1'은 다음과 같다.

만약에 골퍼의 머리 위치가 시계의 12시 방향이라고 한다면, 공의 위치는 시계의 6시 방향이라고 가정하자. 골퍼의 왼쪽 발의 힐에서부터 오른쪽 발의 토우를 지나는 선을 만든다. 이 선을 '7시 방향 라인'이라고 한다.

'Face on'에서 '테이크 어웨이 1'은 클럽의 헤드의 움직임이 약 '7시 방향 라인'까지이다.

스윙 동작 분석을 할 때, 대표적인 분석의 기준은 플레인 라인(Plane line) 그리고 더블 플레인(Double plane line) 라인을 기반으로 한다.

'Down the line'과 'From the target' 방향에서 분석을 할 때 사용한다. 클럽의 움직임뿐만 아니라, 손과 팔의 움직임을 분석할 때에도 일관된 분석을 할 수 있는 기준이 된다.

플레인 라인(Plane line)

플레인 라인은 테이크 어웨이 구간에서부터 임팩트 직후의 팔로우 스로우 구간까지 클럽의 움직임을 분석할 때에 유용하다.

플레인 라인을 만드는 방법은 두 가지이다.
첫 번째, 어드레스에서 클럽 헤드의 넥에서부터 그립의 끝까지 샤프트의 기울기를 따라서 선을 만든다. 이 방법은 테이크 어웨이부터 임팩트 후까지 클럽의 움직임을 비교 분석을 하는 데 매우 도움이 된다.
두 번째, 어드레스에서 클럽 헤드의 넥에서부터 샤프트의 기울기를 따라서 골퍼의 몸을 통과해서 플레인 라인을 확장하는 선을 만든다. 이 방법은 클럽의 기울기를 분석하는 데 도움이 된다.

더블 플레인 라인(Double plane line)

더블 플레인 라인은 스윙이 커지더라도 클럽의 움직임뿐만 아니라 골퍼의 손과 팔의 움직임을 자세하게 분석하는 기준으로 사용된다. 테이크 어웨이부터 백스윙의 탑 그리고 피니쉬까지 스윙의 각 구간을 비교 분석하는 데 유용하다.

더블 플레인 라인은 두 개의 선으로 구성되어 있다. 두 개의 라인은 모두 골프 클럽 헤드의 넥(Neck)에서부터 시작된다.

아래 라인은 플레인 라인과 정확히 동일하고, 위의 라인은 클럽의 헤드의 넥에서부터 골퍼의 오른쪽 어깨의 바로 위를 지나서 확장되는 선을 만든다.

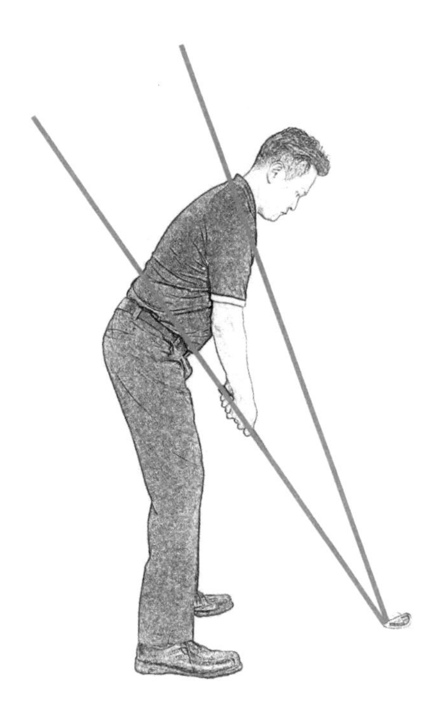

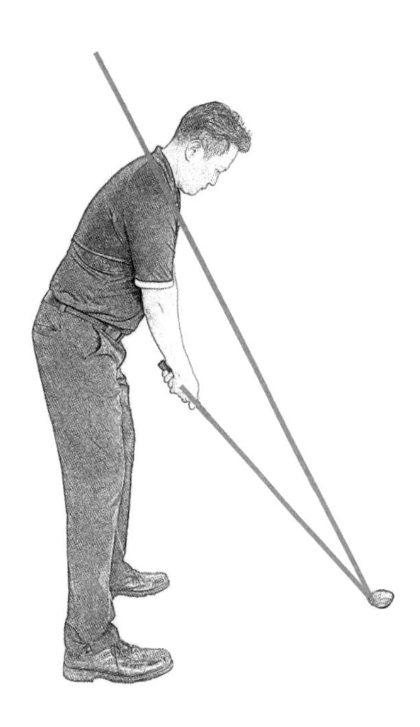

Analysis Stage 4-1 'Down the line' 분석 포커스

① 스윙을 시작하는 키포인트(Key point)가 무엇인지 분석한다.

골퍼가 스윙을 시작을 하는 방법은 골퍼의 근력, 유연성, 관절의 가동범위, 호흡, 스윙 이론, 만들고자 하는 샷의 종류 등에 따라서 달라진다. 각 골퍼마다 클럽의 움직임, 손의 움직임, 몸의 움직임 등 스윙을 시작할 때 사용되는 키포인트는 다르다. 스윙의 키포인트가 골퍼의 움직임과 스윙에 어떠한 영향을 주는지에 대해서 분석해야 한다.

② 골퍼의 머리와 상체의 움직임을 분석한다.

머리의 위치는 척추의 가장 윗부분에 위치하며, 신체에서 무거운 부위 중의 하나이다.
머리의 움직임은 몸 전체의 움직임에 영향을 줄 뿐만 아니라, 스윙에도 영향을 준다.

머리의 앞, 뒤로 움직임을 어드레스에서 위치와 비교 분석한다. 이때, 얼굴의 기울기의 변화가 있는지 어드레스에서 기울기와 비교 분석한다. 과도한 머리의 움직임과 얼굴의 기울기는 척추의 움직임, 체중의 배분의 변화에 영향을 줄 수 있다. 그리고 클럽의 움직임에 영향을 줄 수 있다. 상체 기울기의 변화와 체중의 배분의 차이가 있는지 어드레스와 비교 분석한다.

③ 하체의 움직임을 분석한다.

무릎, 둔부, 골반의 움직임을 분석한다. 머리와 상체의 움직임과 어떠한 연관이 있는지 분석을 한다. 무릎, 둔부, 골반의 움직임은 밸런스의 변화나 체중의 앞, 뒤 변화에 영향을 준다. 분석가는 어드레스에서의 상태와 비교 분석해야 한다. 과도한 하체의 움직임은 머리와 상체의 움직임에 영향을 줄 뿐만 아니라 클럽의 움직임에도 영향을 준다.

발의 움직임을 분석한다. 발은 지면과 접촉하고 있는 신체의 유일한 부위다.

'테이크 어웨이 1'에서 발의 움직임이 많은 경우는 드물다. 하지만 발과 무릎의 움직임이 큰 경우에는 체중의 배분이나 발의 압력이 달라질 수도 있다. 그리고 클럽의 움직임에도 큰 영향을 준다. 골퍼의 스윙 속도가 빨라지고 몸의 움직임이 역동적일수록 분석가는 발의 움직임을 자세하게 관찰해야 한다.

* 하체의 움직임을 분석을 할 때, 무릎의 위치를 기준으로 골반부터 무릎까지, 그리고 발부터 무릎까지 부위를 구분해서 동작을 분석해야 한다.

신체의 각 부위는 밀접하게 연결되어서 움직이지만, 움직임을 만들 때의 각 부위의 역할이 다르거나 전달되는 효과가 다르다. 그러므로 이와 같이 구분해서 분석해야 한다.

④ 손의 움직임과 클럽의 움직임을 분석한다.

어드레스에서 만들어진 플레인 라인을 기준으로 클럽의 움직임을 분석한다. 골퍼의 양쪽 손의 위치, 손목의 각을 어드레스에서의 상태와 비교 분석한다.

골퍼의 허벅지와 손 사이의 거리 변화가 있는지 어드레스에서의 상태와 비교 분석한다. 손의 위치와 손목 각의 변화는 클럽의 움직임에 직접적으로 영향을 준다. 골퍼와 양쪽 손 사이의 거리의 변화가 크다면, 손목과 팔이 경직되는지, 클럽의 움직임이 잘못되어 있는지 확인해야 한다.

* 손의 움직임에는 손가락, 손목, 손등, 그리고 손바닥이 포함된다.

Analysis Stage 4-2 'Face on' 분석 포커스

① 스윙을 시작하는 키포인트(Key point)가 무엇인지를 분석한다.

'FO'에서 키포인트 분석이 'DL'에서 분석보다 더 다양한 움직임을 확인할 수 있다. 'DL'에서 분석된 키포인트와 항상 연관되어 있으므로 비교해야 한다. 분석가는 골퍼가 왜 이러한 움직임으로 스윙을 시작하는지 또는 이러한 움직임이 만들어질 수밖에 없는 원인에 대해서 확인해야 한다. 그리고 골퍼의 움직임과 스윙에 어떠한 영향을 주는지에 대해서 분석해야 한다.

② 골퍼의 머리의 움직임을 분석한다.

머리의 높이의 변화나 좌측 또는 우측으로의 움직임이 있는지, 어드레스에서의 위치와 비교 분석을 한다. 얼굴의 기울기의 변화가 있는지 어드레스에서 상태와 비교 분석한다. 머리의 움직임과 얼굴의 기울기의 변화가 크다면, 척추의 움직임이 많이 발생할 가능성이 높다. 척추의 움직임이 너무 많으면, 어깨와 무릎의 과도한 움직임이 만들어질 수 있으므로 비교 분석을 해야 한다. 이러한 움직임들은 클럽의 움직임과 골퍼의 움직임에 큰 영향을 준다.

③ 하체의 움직임을 분석한다.

양쪽 무릎과 골반의 움직임을 분석한다. 무릎의 움직임은 골반의 기울기와 척추 기울기의 변화에 영향을 준다. 스윙을 시작하는 구간에서 하체 움직임은 밸런스 변화나 체중 배분에 많은 영향을 준다.

발의 움직임을 분석한다. 이때, 무릎 높이의 변화가 있는지 발의 움직임과 비교해야 한다. 발의 움직임이 많지 않더라도 발이 지면을 누르는 압력의 변화는 발생할 수 있다. 발의 움직임은 스윙 스피드와 체중의 배분과 연관이 크다. 밸런스의 변화나 체중의 배분의 변화가 있는지 어드레스에서 상태와 비교 분석한다. 또한 축의 움직임(Pivot)과 클럽의 움직임에 많은 영향을 준다.

④ 손과 손목의 움직임을 분석한다.

손과 손목 각의 변화가 어느 정도인지 어드레스에서의 상태와 비교 분석한다. 손, 손목의 움직임은 클럽의 움직임에 많은 영향을 준다. 이때, '7시 방향 라인'을 기준으로 '테이크 어웨이 1'에서 클럽의 움직임을 비교 분석한다.

손목의 움직임이 많은 경우에는 양쪽 팔꿈치의 움직임, 클럽 기울기, 그리고 클럽 헤드 페이스의 변화에 큰 영향을 준다. 손목과 양쪽 팔꿈치 변화가 어느 정도인지 어드레스에서의 상태와 비교 분석을 해야 한다. 양쪽 팔꿈치 오금의 방향과 구부러진 정도가 어드레스에서의 상태와 거의 일치해야 한다.

현재 구간을 분석하면서 각 스윙 포지션의 상태를 정확하게 분석하는 것도 중요하다. 또한, 분석가는 이러한 움직임을 만드는 데 영향을 주는 다양한 원인 중에서 근본적인 원인이 무엇인지를 정확하게 진단해야 한다.

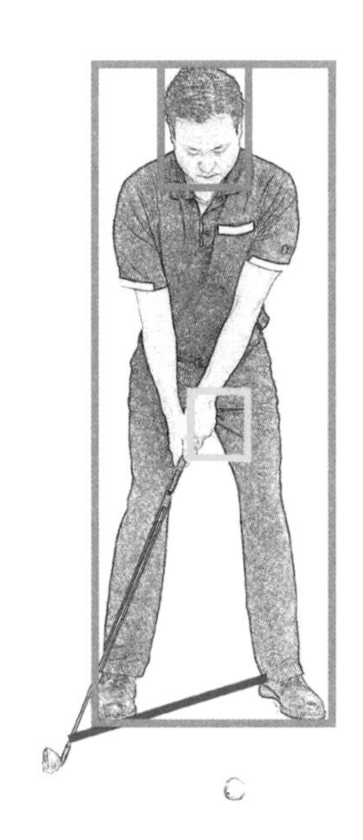
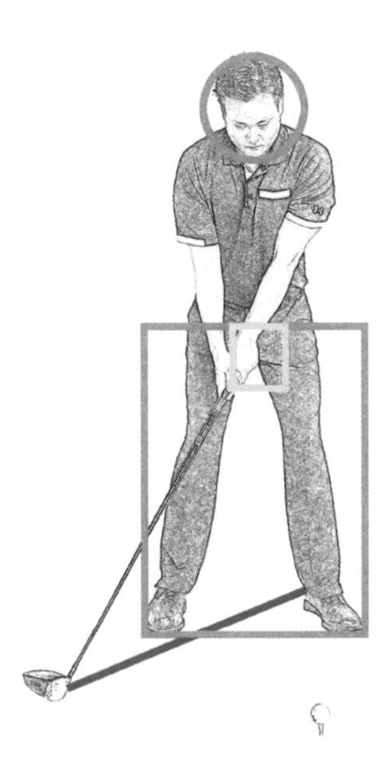

Analysis Stage 5

테이크 어웨이 2
- 백스윙: 클럽이 지면에 평행할 때까지

Takeaway 2 - Until the club is parallel to the ground in the backswing

스윙 시작의 분석은 '테이크 어웨이 1'과 '테이크 어웨이 2'로 구분을 한다. 왜냐하면 스윙의 크기가 작은 움직임에도 불구하고, 스윙의 시작은 스윙 전체에서 가장 중요한 구간이기 때문이다.

예를 들면, 우리가 옷을 입을 때 첫 단추를 올바르게 잠가야 하는 것이 중요한 것과 마찬가지이다. 첫 단추를 올바른 위치에 잠그면 그 다음 순서의 단추 잠금 역시 순조롭다.
하지만 첫 단추의 잠금이 올바르지 않다면, 두 번째 단추의 잠금 위치 역시 올바르지 않을 것이다. 옷을 입을 때 첫 단추를 잠그는 것과 마찬가지로 스윙을 어떻게 시작하는지에 대해서 분석하는 것은 매우 중요하다.

'테이크 어웨이 1'과 '테이크 어웨이 2'는 정확하게 분석해야 하는 매우 중요한 구간이다. 이들 구간에서의 움직임은 스윙전체에 영향을 준다. 스윙 동작 분석을 할 때, 문제의 근본적인 원인이 발생할 가능성이 매우 높은 구간이다.

특히 '테이크 어웨이 2'의 움직임에 따라서, 분석가는 골퍼가 만들려고 하는 스윙과 샷의 종류의 윤곽을 분석을 할 수 있다. '테이크 어웨이 2'는 '7시 방향 라인' 이후부터 클럽이 지면과 평행할 때까지이다. '테이크 어웨이 2' 이후부터 손과 클럽의 움직임은 훨씬 가파르게 움직인다.

Analysis Stage 5-1 'Down the line' 분석 포커스

분석 구간마다 골퍼의 움직임이 스윙에 어떠한 영향을 주는지 분석한다.

- 샷은 스윙에 의해서 만들어진다.
- 스윙은 골퍼의 손, 팔, 어깨에 의해서 만들어진 클럽의 움직임이다.
- 그리고 손, 팔, 어깨의 움직임은 몸의 움직임에 의해서 영향을 받는다.

① 머리의 움직임을 분석한다.

머리의 움직임이 밸런스 변화나 체중 배분의 변화에 어떠한 영향을 주는지 분석한다. 머리의 움직임과 얼굴의 기울기를 비교 분석한다. 머리의 움직임과 얼굴의 기울기는 척추의 움직임에 영향을 준다. 그리고 이때, 밸런스의 변화나 체중 배분에도 영향을 준다. 척추의 움직임의 변화가 클럽의 움직임에 어떠한 영향을 주는지 분석을 한다.

② 하체의 움직임을 분석한다.

하체의 움직임의 분석 방법은 대표적으로 두 가지이다.

테이크 어웨이뿐만 아니라, 스윙의 모든 구간에서 하체의 움직임을 분석하는 데 가장 일반적으로 사용되는 방법이다.

첫 번째 방법은, 어드레스에서 골퍼의 발의 발가락 끝에서부터 무릎 높이까지 지면에 수직으로 선을 만들어서 하체의 움직임을 분석한다. 분석가의 관점에 따라서 오른쪽 발의 끝 또는 왼쪽 발의 끝에 선을 만든다.

이러한 라인을 '토우 라인'(Toe line)이라고 한다.

오른쪽 무릎의 움직임이 많다면 밸런스, 체중의 배분, 척추의 기울기의 변화를 비교 분석을 해야 한다. 왼쪽 무릎의 움직임이 많다면 'FO'에서 머리의 움직임 그리고 얼굴의 기울기와 비교 분석을 해야 한다.

두 번째 방법은, 어드레스에서 골퍼의 둔부 바로 뒤에서부터 지면에 수직으로 '밸런스 라인'을 만들어서 하체의 움직임을 분석한다. '밸런스 라인'을 기준으로 하체의 움직임, 밸런스의 변화 그리고 체중 배분의 앞, 뒤 변화를 분석한다. 이때, 머리의 움직임과 연관이 있는지 비교한다.

③ 손과 팔의 움직임을 분석한다.

어드레스에서 양쪽 손의 위치를 기준으로, 손과 골퍼 사이에 거리의 변화를 분석한다. 양쪽 손과 팔이 몸에서 멀어지는 정도(거리)가 클럽의 움직임에 어떠한 영향을 미치는지 분석한다. 몸에서 멀어지는 거리에 따라서 손과 팔의 경직되는 정도에 영향을 준다.

④ 손과 손목의 움직임 그리고 클럽 헤드의 움직임을 분석한다.

손과 손목의 움직임은 클럽의 움직임과 클럽 헤드 페이스 움직임에 직접적으로 영향을 준다. 손과 손목의 움직임에 따라서, 어드레스에서 만들어진 클럽 헤드 페이스의 상태는 유지되거나 클럽 헤드 페이스의 상태의 변화에 영향을 준다.

* 테이크 어웨이뿐만 아니라 스윙을 하는 동안에, 클럽의 움직임과 클럽 헤드 페이스의 오픈 또는 클로즈되는 변화를 분석해야 한다.

어드레스에서 손등의 각과 클럽 헤드 페이스의 상태를 기준으로, 임팩트까지 왼쪽 손등의 각과 클럽 헤드 페이스의 변화를 비교 분석한다.

첫 번째, 어드레스에서 만들어진 왼쪽 손등(손목)의 각이 더 커지면 컵(Cupped)이다. 이때, 클럽 헤드 페이스는 오픈되거나 클럽 헤드 페이스의 로프트 각은 증가된다.

두 번째, 어드레스에서 만들어진 왼쪽 손등(손목)의 각이 더 적어지면 보우(Bowed)이다. 이때, 클럽 헤드 페이스는 클로즈되거나 클럽 헤드 페이스의 로프트 각은 감소된다.

* 스윙을 시작해서 백스윙, 다운스윙 그리고 임팩트까지, 골퍼의 오른쪽 팔의 움직임과 모양의 변화는 왼쪽 팔보다 훨씬 크다. 이때 오른쪽 어깨, 팔꿈치, 그리고 손(손목)에 변화가 매우 많다.

따라서, 임팩트까지 클럽 헤드 페이스 변화를 분석할 때, 오른손(손목)에 비해서 상대적으로 변화가 적은 왼쪽 손(손목)을 기준으로 분석을 해야 한다. 하지만 임팩트 이후에는 양쪽 손(손목)을 모두 분석해야 한다. 그 이유는 클럽의 스피드가 매우 빠르고, 특히 골퍼가 의도한 샷의 결과를 만드는 동작인지 또는 보상동작인지 확인하기 위해서이다.

골퍼마다 스윙 스피드, 그립의 강도, 손의 악력, 손가락과 손바닥의 비율, 팔꿈치와 전완의 꺾인 정도(Carrying angle 포함), 스윙 이론, 습관 등에 따라서 왼쪽 손등(손목)의 각은 어드레스에서 손등(손목)의 상태와 달라진다.

특히 '분석 구간 5' 이후부터는 클럽이 중력을 거스르고 가파르게 움직인다. 이때, 여러 가지 원인에 의해서 손의 움직임, 손등(손목)의 각이 달라질 수 있다.

골프 동작 분석을 하면서 중요한 점은 비교 분석을 통해서 움직임의 원인을 진단하는 것이다. 분석가는 정확한 비교 분석을 하기 위해서 명확한 기준이 되는 대상이 필요하다.

다만 분석가의 필요에 따라서 'Rear' 그리고 'From the target'에서 오른손의 움직임을 분석할 수도 있다.

⑤ 플레인 라인을 기준으로 클럽과 손의 움직임을 분석한다.

클럽과 손의 움직임이 플레인 라인을 따라서 제대로 움직이는지 분석하는 것이 아니다. 대신에, 분석가는 '테이크 어웨이 2'의 움직임이 골퍼가 만들고자 하는 샷에 적합한지에 초점을 두고 플레인 라인을 기준으로 분석해야 한다.

플레인 라인이나 더블 플레인 라인을 사용하는 이유는 분석의 일관성과 객관성을 유지하기 위해서다. 때로는 골퍼가 만들고자 하는 샷이 플레인 라인을 따라서 움직여야 하는 경우도 있으며, 그렇지 않는 경우도 있다. 그러므로 이러한 점을 주의해서 분석해야 한다.

⑥ 클럽의 움직임과 클럽 헤드의 위치를 분석한다.

클럽의 움직임과 클럽 헤드의 상태가 골퍼가 만들고자 하는 샷에 적합한지에 대해서 확인을 해야 한다. 클럽 헤드 페이스의 가리키는 방향 그리고 클럽 헤드의 리딩 에지의 기울기를 분석을 한다.

* 골프 동작 분석을 할 때, 클럽의 움직이는 방향과 클럽 헤드 페이스의 상태를 반드시 비교 분석해야 한다.

클럽의 기울기가 가파른(Steep) 경우, 클럽 헤드 페이스의 상태를 비교 분석한다.

클럽의 기울기가 완만한(Flat) 경우, 클럽 헤드 페이스의 상태를 비교 분석한다.

이때, 손의 움직임을 클럽의 기울기 그리고 클럽 헤드 페이스와 반드시 비교 분석해야 한다.

위의 세 단계는 스윙 궤도(Swing path)와 스윙 플레인(Swing plane)에 매우 중요한 역할을 한다.

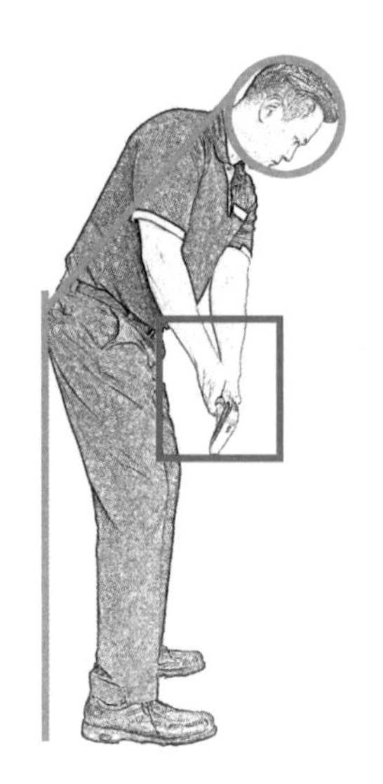

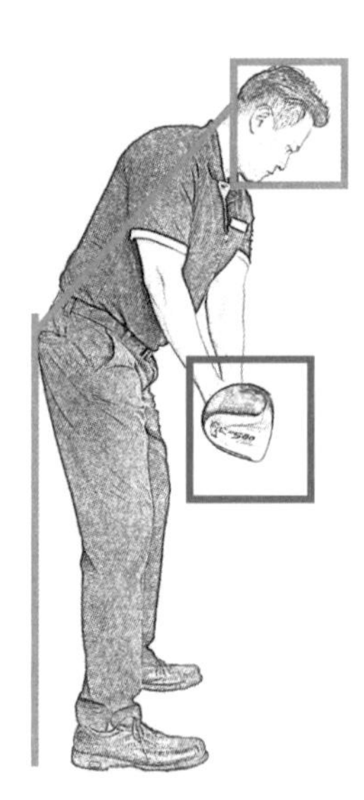

Analysis Stage 5-2 'Face on' 분석 포커스

① 머리의 움직임을 분석한다.

머리의 좌, 우 방향으로의 움직임과 높이의 변화를 분석한다. 머리의 움직임은 척추의 기울기의 변화와 체중 배분의 변화에 영향을 준다. 테이크 어웨이뿐만 아니라, 스윙을 하는 동안에 골퍼 머리의 상, 하 움직임과 좌, 우 움직임을 분석해야 한다. 어드레스에서 머리의 위치를 기준으로 어떻게 변화되는지 비교 분석한다.

스윙 분석을 할 때, 머리의 움직임뿐 아니라, 골퍼의 얼굴의 기울기에 대해서 분석을 해야 한다. 골퍼의 얼굴에서 코의 위치를 기준으로, 얼굴의 오른쪽 부분 또는 왼쪽 부분이 지면을 향해서 기울어지는 것은 척추의 기울기의 변화와 많은 연관이 있다. 이러한 움직임은 스윙의 궤도(Swing path), 즉 클럽의 움직임과 클럽 헤드 페이스 변화에 많은 영향을 준다. 이때, 무릎과 골반의 움직임을 함께 비교한다면 척추의 기울기 변화에 대해서 더 정밀한 분석을 할 수 있다.

② 하체의 움직임을 분석한다.

하체의 움직임은 골퍼의 척추의 움직임뿐만 아니라, 스윙 궤도에도 많은 영향을 준다. 하체의 움직임이 좌, 우 방향으로 많은 경우에는, 스윙의 아크의 넓이와 팔의 경직된 정도를 비교 분석해야 한다.

하체의 움직임에 의해서 머리를 포함한 상체의 움직임의 변화가 만들어지는지 분석한다. 반대로, 머리를 포함한 상체의 움직임에 의해서 하체의 움직임의 변화가 만들어지는가에 대해서 비교 분석한다. 동작 분석을 할 때, 신체의 각 부위의 움직임은 항상 연관이 되어 있고 서로 영향을 주는 것을 확인할 수 있다.

무릎의 움직임을 분석한다. 무릎의 좌, 우 방향으로의 움직임과 높이의 변화를 분석한다. 무릎의 움직임은 체중이동의 과정과 척추의 움직임에 많은 영향을 준다.

양쪽 무릎의 움직임과 발의 움직임을 비교 분석한다. 무릎과 발의 움직임이 많으면, 스윙의 일관성이 낮아진다.

무릎과 발의 움직임은 골퍼의 밸런스의 변화에 영향을 준다. 그리고 밸런스는 체중이동의 과정의 변화, 발의 압력의 변화와 많은 연관이 있다. 이러한 무릎과 발의 움직임과 연관된 움직임은 축의 움직임과 클럽의 움직임에 영향을 미친다. 체중이동의 과정과 발의 압력은 일치하지 않는 경우가 있으므로 주의해서 분석해야 한다.

③ 클럽의 움직임을 손과 팔의 움직임과 비교 분석한다.

손과 팔의 움직임이 경직되거나 또는 손목이나 팔꿈치의 관절사용이 많은 경우에는 스윙의 궤도, 클럽 헤드 페이스, 스윙의 크기에 큰 영향을 준다.

양쪽 팔의 높이, 양쪽 팔꿈치의 간격을 어드레스에서의 상태와 비교 분석을 한다.

손의 높이를 어드레스에서의 손의 높이와 비교 분석한다. 손과 팔의 자연스러운 움직임 또는 경직된 정도를 분석을 할 수 있다.

클럽이 지면에 평행할 때, 그립 끝의 위치를 기준으로 스윙 아크의 크기를 분석한다. 또는 손과 클럽 헤드의 위치를 기준으로 스윙 아크의 크기를 분석한다.

골퍼의 신체 조건에 비해서 아크가 매우 넓은 경우에는 손과 팔이 경직될 가능성이 높다. 반면에, 골퍼의 신체 조건에 비해서 아크가 매우 좁은 경우에는 손목의 움직임이나 팔꿈치 관절의 사용이 많을 가능성이 크다.

양쪽 손과 양쪽 팔의 움직임이 자연스러운지 또는 경직되어 있는지 분석을 할 때, 어깨의 움직임과 비교 분석해야 한다(참고, 'Analysis Stage 5-1').

이러한 움직임이 골퍼가 의도한 스윙과 샷에 적합한지, 그리고 클럽의 움직임에 어떠한 영향을 미치는지 분석한다.

④ 클럽의 움직임을 분석한다.

왼쪽 손등(손목)의 움직임과 클럽 헤드 페이스의 향하는 방향을 어드레스에서 상태와 비교한다. 또는, 왼쪽 손등의 움직임과 클럽 헤드 토우의 기울기를 어드레스에서의 상태와 비교한다.

위의 두 가지 분석 방법을 따른다면, 어드레스에서 만들어진 클럽 헤드 페이스가 유지되는지, 더 클로즈되는지, 또는 더 오픈되는지 알 수 있다.

손의 움직임은 클럽 헤드 페이스의 변화에 직접 영향을 준다. 그리고 클럽 헤드 페이스는 샷의 결과에 매우 큰 영향을 미친다.

Analysis Stage 5-3 'Rear' 분석 포커스

분석가는 골퍼가 만들고자 하는 스윙과 샷에 대한 정보를 다시 한번 정확히 확인한다. 몸의 움직임(Body motion)과 스윙 축의 움직임(Pivot)을 분석한다.

① 머리의 움직임을 분석한다.

머리가 타깃 방향으로 움직이는지 또는 타깃 반대 방향으로 움직이는지 어드레스를 기준으로 분석한다. 이때, 머리의 위치와 손과 팔꿈치의 위치를 비교 분석한다. 'RE'에서 이러한 움직임은 스윙 플레인(Swing plane)에 영향을 준다.

② 하체의 움직임을 분석한다.

골반의 기울기 또는 하체 전체의 기울기를 분석한다. 하체의 움직임이 상체의 움직임에 어떠한 영향을 주는지 비교 분석한다.

* 'Rear'에서 무릎의 움직임을 분석할 때는 무릎 오금의 움직임과 상태를 분석한다.

③ 손과 팔꿈치의 위치를 분석한다.

오른쪽 팔이 펴지거나 구부려지는 정도를 분석한다. 머리와 하체의 움직임 그리고 손과 팔의 위치를 비교 분석한다. 이때, 그립 끝과 골퍼 사이에 공간을 측정해서 스윙 아크의 크기를 분석한다. 어드레스 또는 '테이크 어웨이 1'에 대한 보상동작의 분석이 가능하다.

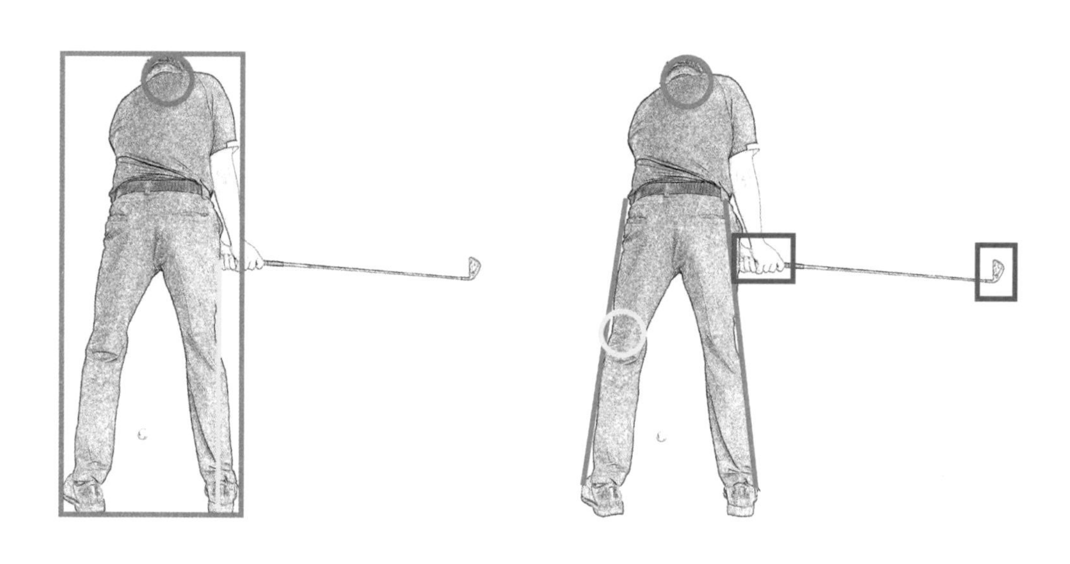

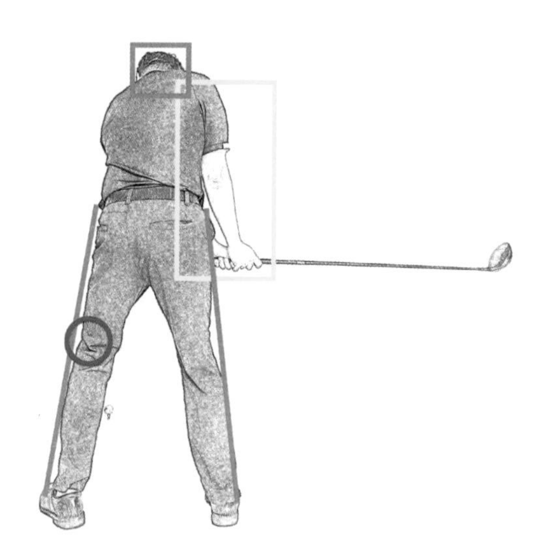

Analysis Stage 6

백스윙: 왼팔이 지면에 평행할 때까지

Until the left arm is parallel to the ground in the backswing

백스윙을 하는 동안에 클럽이 지면에 평행한 위치 이후부터 왼팔이 지면에 평행할 때까지 구간이다. 'Analysis Stage 6'에서 왼팔이 지면에 평행한 위치를 '하프 스윙'(Half of backswing)이라 부르기도 한다.

Analysis Stage 6-1 'Down the line' 분석 포커스

① 머리의 움직임을 어드레스에서 머리의 위치와 비교 분석한다.

머리의 움직임이 척추의 움직임에 어떠한 영향을 주는지 분석한다. 머리의 움직임과 척추의 기울기의 변화는 직접적으로 연관이 있다. 또한, 하체의 움직임과 비교 분석해야 한다.

머리의 움직임이 많다면, 손의 위치와 클럽의 움직임에도 많은 영향을 준다. 머리의 움직임이 많다면, 반드시 'Face on'과 비교 분석해야 한다.

② 하체의 움직임을 분석한다.

어드레스에서, 골퍼의 둔부 뒤에 밸런스 라인을 만들어서 움직임을 분석한다. 골반의 움직임과 체중의 앞, 뒤 움직임을 분석을 할 수 있다. 또한, 밸런스의 변화를 분석할 수 있다.

어드레스에서, 토우 라인을 만들어서 무릎의 움직임을 분석한다.

분석가의 이론에 따라서 골퍼의 왼쪽 발 끝 또는 오른쪽 발 끝에 선을 만든다. 골반의 움직임과 척추의 기울기에 어떠한 영향을 주는지 분석을 할 수 있다. 하체의 움직임이 많으면 손의 움직임과 클럽의 움직임에도 영향을 준다.

발의 움직임을 분석한다. 발의 움직임은 밸런스 변화와 체중이동의 과정에 영향을 준다.

무릎의 움직임과 발의 움직임을 비교 분석한다. 무릎의 구부리고 펴는 움직임과 발의 움직임은 서로 큰 연관이 있다. 무릎과 발의 움직임에 따라서 체중이동의 과정, 밸런스, 지면을 누르는 발의 압력이 달라진다. 또한, 이러한 변화는 척추의 움직임과 클럽의 움직임에 큰 영향을 준다.

③ 양쪽 팔꿈치의 간격을 분석한다.

양쪽 팔꿈치의 간격을 어드레스에서 상태와 비교 분석한다. 팔꿈치의 간격이 어드레스에서의 간격보다 좁으면, 손과 팔이 많이 경직될 가능성이 높다. 팔꿈치의 간격이 어드레스에서의 간격보다 넓으면, 손, 손목과 팔꿈치 관절의 움직임이 과도하게 만들어졌을 가능성이 높다.

④ 양쪽 손의 위치를 분석한다.

손의 움직임과 위치는 클럽의 움직임에 많은 영향을 준다. 왼쪽 손등(손목)과 클럽 헤드 페이스의 상태를 어드레스에서 상태와 비교 분석한다. 만약 손등의 변화와 클럽 헤드 페이스의 변화가 많다면, 'FO'과 반드시 비교 분석해야 한다.

⑤ 클럽의 움직임을 분석한다.

왼팔이 지면에 평행할 때, 클럽의 기울기를 분석한다. 이때, 양쪽 손의 위치와 클럽의 기울기를 선이나 도형으로 표시를 한다.

지면을 향해서 클럽의 그립의 끝이 가리키는 방향을 확인한다. 만약, 클럽의 그립 끝의 방향이 공보다 바깥을 가리킨다면, 스윙의 궤도는 완만하다(Flat). 만약, 클럽의 그립 끝의 방향이 골퍼의 발에 가깝다면, 스윙의 궤도는 가파르다(Steep).

이후에 'Analysis Stage 9. 다운스윙: 왼팔이 지면에 평행할 때까지' 구간에서 손의 위치와 클럽의 기울기의 변화를 비교해야 한다. 이러한 클럽의 기울기는 백스윙과 다운스윙에서 스윙 궤도를 정확하게 비교 분석을 할 수 있는 기준이 된다. 또한, 팔로우 스로우 구간을 분석할 때에도 클럽의 움직임을 비교 분석할 수 있다.

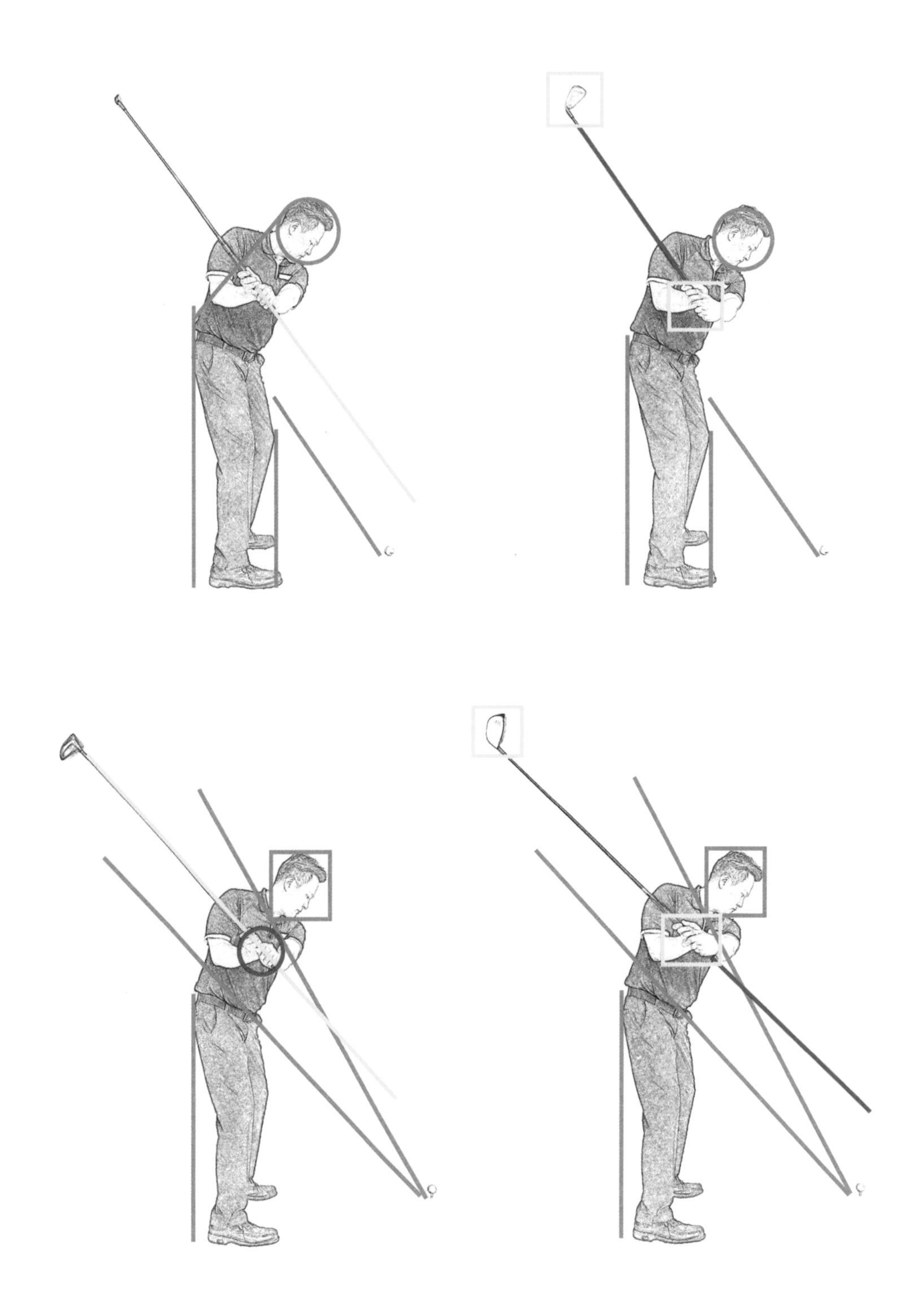

Analysis Stage 6-2 'Face on' 분석 포커스

① 머리의 움직임을 분석을 한다.

머리의 움직임과 얼굴의 기울기의 변화를 분석한다. 척추의 움직임, 체중이동의 과정, 밸런스의 변화에 영향을 준다.

만약 잘못된 머리의 움직임을 발견한다면, 골반과 양쪽 무릎의 움직임과 비교 분석해야 한다. 스윙이 진행될수록, 상체와 하체의 연관이 매우 중요하다. 상체와 하체가 함께 조화롭게 움직이는지 분석한다.

② 상체의 움직임을 분석한다.

상체의 전면과 등의 움직임을 어드레스에서 상체의 위치와 비교 분석한다. 골퍼의 등의 움직임은 코일, 스윙의 아크와 체중이동의 과정에 영향을 준다. 골퍼의 상체의 움직임이 너무 많다면, 과도한 몸의 움직임이 만들어지고 머리와 목의 움직임이 부자연스러울 수도 있다.

골퍼의 상체의 움직임이 너무 적다면, 손과 팔로만 스윙을 만드는 경우일 수도 있다.

골퍼의 양쪽 어깨의 높이를 어드레스 상태에서 위치와 비교한다. 어깨의 높이의 변화가 크다면, 척추의 기울기 변화에 영향을 준다. 그리고 이러한 어깨의 높이의 변화는 손의 위치와 클럽의 기울기에 영향을 준다.

③ 하체의 움직임을 분석한다.

골반의 움직임과 다리의 기울기를 비교한다. 골반과 다리의 움직임이 어느 정도인지를 어드레스에서 위치와 비교 분석한다. 백스윙 방향으로 움직이는지 또는 타깃 방향으로 움직이는지 분석한다. 이러한 움직임은 척추의 기울기와 체중이동의 과정에 영향을 준다.

무릎의 위치를 어드레스에서 위치와 비교한다. 각 무릎의 움직이는 방향이 백스윙 방향으로 움직이는지 또는 타깃 방향으로 움직이는지 분석한다. 또한 무릎의 높이가 높아지는지 또는 낮아지는지 분석한다.

골반의 움직임과 마찬가지로 무릎의 움직임이 많다면, 척추의 기울기와 체중이동의 과정에 영향을 준다. 또한, 지면을 누르는 발의 압력의 변화에 영향을 준다.

④ 손과 팔의 움직임을 분석한다.

코킹(Cocking)의 정도와 클럽의 기울기를 분석한다. 코킹은 손(손목), 팔꿈치, 어깨의 움직임에 의해서 만들어진다. 그러므로 코킹 동작을 분석하기 위해서는 손, 팔, 그리고 어깨의 움직임을 비교해야 한다.

손과 팔의 움직임이 조화롭고 자연스럽게 만들어졌는지에 대해서 분석한다.

만약 움직임이 부자연스럽다면, 손과 팔꿈치 관절의 움직임이 너무 많거나, 반대로 손과 팔이 경직되는 것이다. 이러한 움직임은 스윙의 스피드에 영향을 준다. 또한 클럽의 기울기와 클럽 헤드 페이스의 변화에 영향을 준다.

왼팔이 지면에 평행할 때 손의 위치를 분석한다. 스윙이 진행될 때, 팔의 움직임으로 만들어지는 스윙 아크의 크기를 분석할 수 있다. 이때, 몸의 움직임과 비교를 한다. 왜냐하면 몸의 움직임은 손, 팔의 움직임에 영향을 주기 때문이다.

팔의 구부려지거나 펴진 정도와 팔꿈치의 높이를 비교 분석을 한다. 양쪽 팔꿈치의 위치가 높이가 비슷하거나, 또는 오른쪽 팔꿈치가 왼쪽 팔꿈치보다 높거나 낮을 때에 따라서 클럽의 기울기와 클럽 헤드의 상태는 달라진다.

⑤ 왼쪽 손등과 클럽 헤드 페이스가 향하는 방향을 비교 분석한다.

현재구간에서의 왼쪽 손등과 클럽 헤드 페이스의 상태로 만들어질 수 있는 샷의 결과를 예측 진단한다. 그리고 골퍼가 만들고자 하는 샷에 적합한지 또는 적합하지 않다면, 앞으로 필요한 보상동작이 무엇인지를 분석해야 한다.

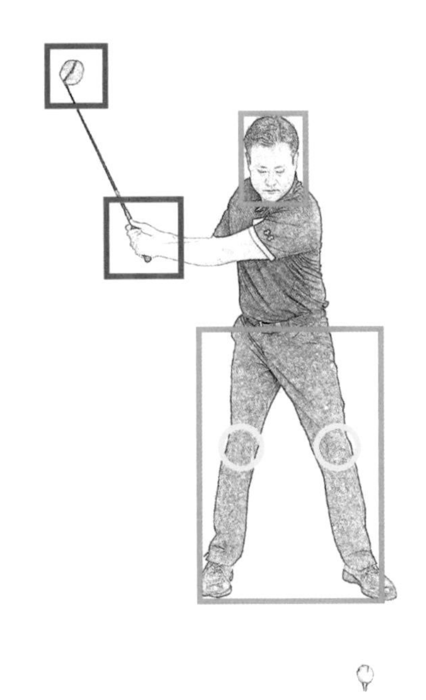

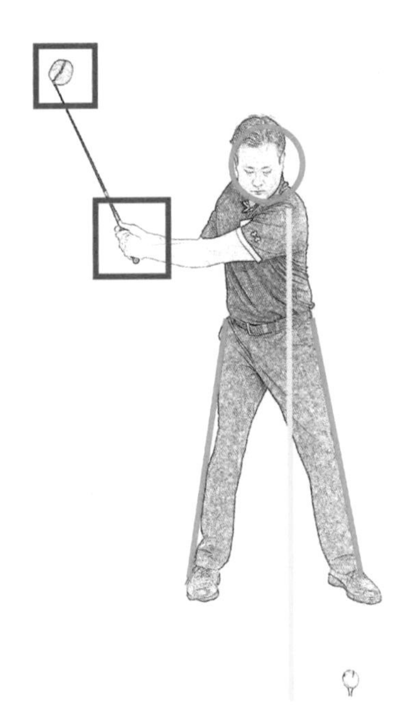

Analysis Stage 6-3 'Rear' 분석 포커스

① 머리의 움직임을 분석한다.

머리의 움직임을 어드레스에서 머리 위치와 비교 분석한다. 머리의 움직임이 많다면, 척추 기울기의 변화나 무릎의 높이의 변화와 연관이 있다. 과도한 머리의 움직임은 스윙의 속도를 방해한다.

머리의 기울기를 어드레스에서 머리의 기울기와 비교 분석한다. 머리의 기울기가 어드레스와 다르다면, 타깃 방향으로 또는 타깃 반대 방향으로 기우는지 분석한다. 척추의 기울기와 골반의 기울기와 많은 연관이 있다. 이러한 움직임은 스윙 플레인의 가파른 정도에도 영향을 준다.

② 상체의 움직임을 분석한다.

오른쪽 팔꿈치와 상체 사이의 거리를 분석한다. 팔의 움직임, 팔의 경직된 정도 그리고 스윙의 아크를 분석할 수 있다.

오른쪽 팔꿈치와 왼쪽 팔꿈치의 높이를 비교한다. 팔꿈치 높이는 머리의 움직임, 척추의 기울기, 그리고 무릎의 움직임과 연관이 크다. 오른쪽 팔꿈치 위치가 왼쪽 팔꿈치보다 많이 높은 경우에는, 머리와 척추 기울기가 타깃 방향 또는 공 방향으로 움직이는지 분석한다. 이때, 백스윙 플레인이 가파르게 만들어질 가능성이 높으므로 비교 분석해야 한다.

왼쪽 팔꿈치의 위치가 오른쪽 팔꿈치보다 높은 경우에는, 머리와 척추의 기울기가 타깃 반대 방향으로 움직이는지 또는 어드레스의 상태보다 높아졌는지 분석한다. 그리고 손과 손목의 움직임이 많은지에 대해서도 분석해야 한다.
이때, 백스윙 궤도가 완만하게 만들어질 가능성이 높으므로 비교 분석해야 한다.

③ 하체의 움직임을 분석한다.

양쪽 허리의 높이와 다리의 위치를 어드레스에서의 상태와 비교 분석을 한다. 이러한 움직임은 척추의 기울기와 체중이동의 과정에 영향을 준다.

왼쪽 골반과 양쪽 무릎(오금)의 높이의 변화를 어드레스에서의 상태와 비교 분석한다. 이러한 움직임 역시 척추의 기울기와 체중이동의 과정에 영향을 준다.

④ 손과 클럽의 움직임을 분석한다.

오른쪽 손의 움직임을 분석한다. 이때, 클럽의 기울기와 클럽 헤드 페이스의 변화를 확인할 수 있다. 'DL'과 'FO'에서는 왼쪽 손에 가려진 오른쪽 손의 위치 때문에 분석이 어려울 수도 있다. 따라서 보다 정확한 분석을 위해서는 'RE'와 비교 분석해야 한다.

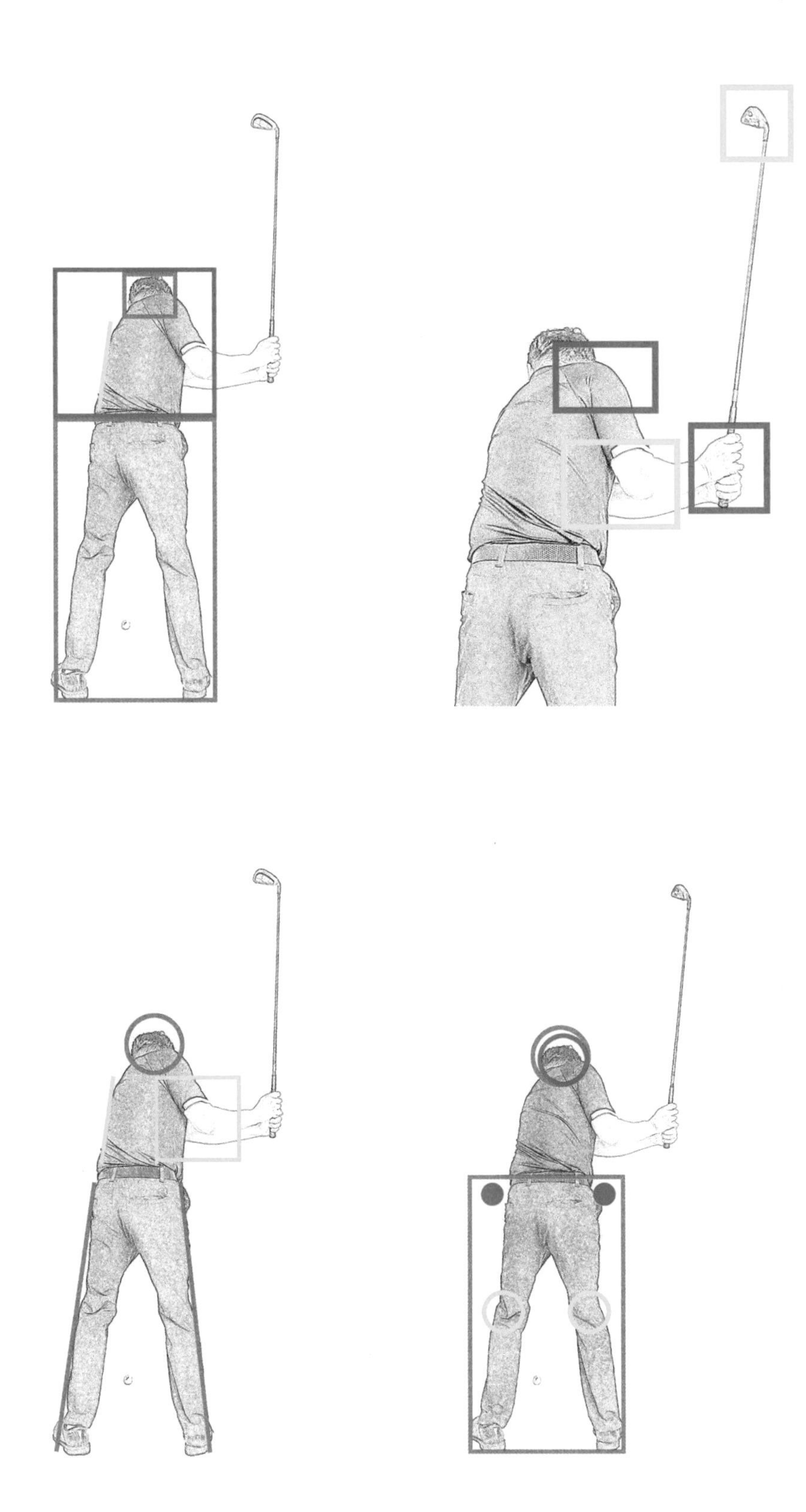

Analysis Stage 7

백스윙의 탑까지

Until the top of the backswing

백스윙의 정점이자 마지막이다. 다운스윙의 시작에 많은 영향을 미치는 구간이다.

백스윙 탑의 스윙크기는 골퍼마다 다르다. 하지만 이전 구간의 스윙보다 클럽과 팔의 움직임은 더 커지고 높게 만들어진다.

기술적으로 백스윙 탑까지 구간은 스윙의 'Analysis Stage 4, 5, 그리고 6'의 결과이다. 즉 'Analysis Stage 4, 5, 그리고 6'은 백스윙 탑이 만들어지는 과정이면서 원인이다. 만약 백스윙 탑에서 문제점이 발견된다면, 분석가는 스윙의 'Analysis Stage 1'부터 'Analysis Stage 7'까지 모든 분석 구간을 분석하며 문제의 원인을 진단해야 한다.
그 이유는 기술적인 부분 외에도, 골퍼의 어드레스 포지션, 얼라이먼트, 프리 샷 루틴이 백스윙 탑까지의 구간을 형성하는 데 큰 영향을 미치기 때문이다. 스윙의 각 구간마다 어떻게 연관되어 있는지 이해하는 것이 매우 중요하다.

백스윙 탑까지 구간을 분석할 때, 다음과 같은 과정을 따라야 한다.

- 문제가 무엇인지? [골퍼의 의견과 분석가의 의견 모두]
- 현재 상태는 어떻게 보여지는지?
- 현재 움직임이 어떻게 만들어졌는지?
- 왜 이러한 동작을 하는지? 또는 할 수밖에 없는지? 또는 해야만 하는지?
- 움직임을 만드는 근본적인 원인은 무엇인지?

분석가는 위와 같은 분석의 과정을 반드시 따라야 한다. 또한, 백스윙 탑까지 구간에서의 움직임이 다음 구간에서 골퍼의 움직임과 스윙에 어떠한 영향을 주는가에 대해서도 생각해야 한다.

이러한 분석의 과정은 백스윙 탑까지 구간을 분석할 때뿐만 아니라, 모든 구간에서 전체 움직임을 분석할 때에도 필요하다. 분석의 과정을 제대로 따른다면 문제의 근본적인 원인에 대해서 정확하게 진단할 수 있다.

분석가는 스윙 동작 분석을 할 때, 매우 주의 깊게 검토해야 할 사항들이 있다. 특히 스윙의 스피드가 빨라지고, 몸의 움직임이 역동적이 될수록 주의해야 한다.

① 골퍼의 스윙 축의 움직임(Pivot)과 골퍼의 몸의 움직임(Body motion)은 움직임이 서로 매우 비슷하고 관련이 많아서 구별하기가 매우 어렵다. 그러나 두 가지의 움직임을 분리해서 명확하게 이해하는 것이 매우 중요하다.

먼저, 골프에서 스윙 축의 움직임(Pivot)은 골퍼의 스윙 이론에 의해서 만들어진다.
즉, 골퍼의 스윙 이론(스윙 지식)에 의해서 결정된다.

한편, 몸의 움직임은 골퍼가 원하는 스윙을 만들기 위해서 의도해서 움직임을 만든다.
즉, 골퍼가 스스로 몸의 움직임을 만드는 것이다.

스윙 축의 움직임(Pivot)은 스윙의 이론에 따라서 이미 결정된, 머리와 얼굴의 기울기, 척추관절의 기울기, 골반의 움직임, 무릎관절의 움직임, 발목의 움직임 그리고 발의 움직임에 의해서 만들어진다.
또한, 이렇게 만들어지는 축의 움직임은 발이 지면을 누르는 압력과 팔과 클럽의 움직임에 영향을 미친다. 만약 골퍼가 축의 움직임을 만들고자 한다면, 각 관절의 가동 범위 내에서 큰 어려움 없이 만들 수 있다.

몸의 움직임(Body motion)은 축의 움직임뿐만 아니라, 근력, 유연성, 밸런스, 등 신체의 여러 조건에 의해서 만들어진다. 그리고 호흡 역시 몸의 움직임을 만드는 데 밀접하게 관련이 있다.
또한 이렇게 만들어지는 몸의 움직임은 코일의 정도, 체중의 배분, 체중의 이동, 발의 지면을 누르는 압력, 어깨관절, 팔꿈치관절 그리고 손과 클럽의 움직임에 영향을 미친다. 골퍼 스스로 몸의 움직임을 만들지만, 골퍼의 신체조건과 운동수행능력에 따라서 움직임의 완성도는 골퍼마다 다르다.

② 스윙을 하는 동안에, 체중의 배분에 대한 분석은 몸의 움직임에 따라 만들어지는 체중이동의 과정을 보여 준다.

체중이동의 과정은 발이 지면을 누르는 움직임뿐 아니라, 신체에서 가장 무거운 머리와 상체(Torso)의 위치와 움직임, 코일을 할 때 사용하는 신체 부위, 역동적인 움직임을 만들 때 사용하는 신체 부위, 그리고 보상동작에 따라서 다르게 만들어진다.

동작 분석에서 지면을 누르는 발의 움직임을 분석하려면, 지면을 누르는 발의 부위, 발의 토우와 힐의 움직이는 방향, 발의 역동적인 움직임 그리고 발의 위치의 변화를 비교 분석해야 한다. 또한, 발이 지면을 누르는 움직임과 체중의 배분은 발목이 움직일 때의 기울기와 회전하는 정도, 그리고 무릎의 움직이는 방향과 구부러지는 정도에 의해서 영향을 받는다.

발의 움직임은 매우 중요하다. 하지만 지면을 누르는 발의 움직임이 만들어 낸 압력이 골퍼의 몸의 움직임에 의해 만들어지는 체중이동의 과정을 모두 보여 주지는 못한다. 체중의 이동과 발의 압력이 일치하지 않는 경우가 있다. 그러므로 분석가는 주의 깊게 분석해야 한다.

Analysis Stage 7-1 'Down the line' 분석 포커스

① 머리와 상체의 움직임을 비교 분석한다.

머리 위치와 상체의 기울기를 어드레스에서 상태와 비교 분석한다. 밸런스의 변화와 척추의 기울기의 변화를 분석할 수 있다. 또한, 얼굴의 기울기와 척추의 기울기를 비교 분석해야 한다.

스윙이 커질수록 신체의 각 부위 간의 연관이 크다. 우선, 상체와 하체의 움직임이 조화롭게 움직이는지 분석한다. 그리고 신체의 각 부위의 움직임이 조화로운지에 대해서도 분석해야 한다.

② 둔부의 움직임과 무릎의 움직임을 비교 분석한다.

둔부와 무릎의 움직임은 상체의 코일을 만드는 움직임과 체중이동의 과정에 직접적인 영향을 미친다.

어드레스에서 둔부의 뒤에 만들어진 밸런스 라인을 기준으로 현재 둔부의 위치를 확인한다. 골반의 움직임, 하체의 후면 움직임, 그리고 골반의 움직임이 상체의 움직임과 어떻게 조화를 이루는지 분석할 수 있다. 이러한 움직임은 체중이동의 과정이나 밸런스의 변화에 영향을 준다.

골퍼의 발가락 끝에서부터 무릎높이까지, 지면에 수직으로 토우 라인을 만들어서 분석한다. 분석가의 관점에 따라서 골퍼의 왼발 또는 오른발에 토우 라인을 만들어서 사용한다. 무릎의 움직임이 많으면, 머리와 척추의 움직임에도 영향을 준다. 무릎이 구부러지거나 펴지는 정도는 발의 움직임과 지면을 누르는 발의 압력에 영향을 준다.

③ 발의 움직임과 무릎의 움직임을 비교 분석한다.

발은 지면에 접촉한 신체의 유일한 부분이다. 발의 움직임이 과도하다면 몸의 움직임, 축의 움직임, 그리고 스윙의 일관성은 낮아진다. 발의 움직임은 체중이동의 과정 그리고 지면을 누르는 발의 압력에 영향을 준다. 다시 한번 강조하지만, 때때로 체중의 이동과 발의 압력이 서로 일치하지 않는 경우가 있으므로 주의 깊게 분석해야 한다.

④ 백스윙 탑의 위치를 분석한다.

백스윙 탑에서 그립 끝에서부터 지면까지 수직으로 선을 만든다. 골퍼의 몸과 발을 기준으로 선의 위치를 분석한다. 백스윙의 가파른 정도에 대해서 분석할 수 있다. 백스윙 탑의 위치는 상체의 코일, 무릎과 둔부의 움직임, 그리고 팔의 움직임과 연관이 있다.

왼쪽 팔꿈치와 오른쪽 팔꿈치의 높이를 분석한다. 그리고 양쪽 팔꿈치 사이의 간격을 비교 분석한다. 손의 위치, 스윙의 크기, 그리고 클럽의 위치에 영향을 준다.

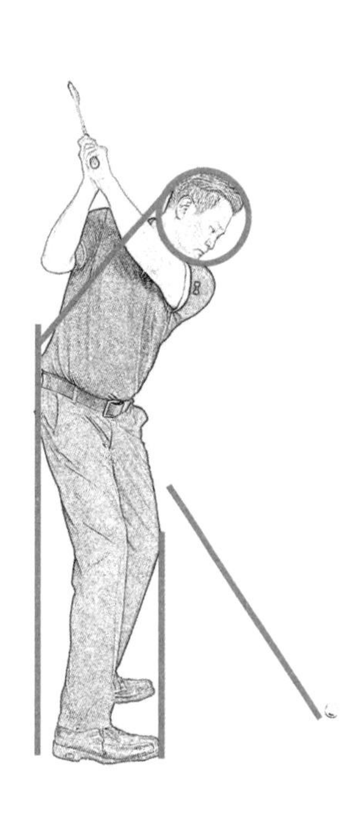
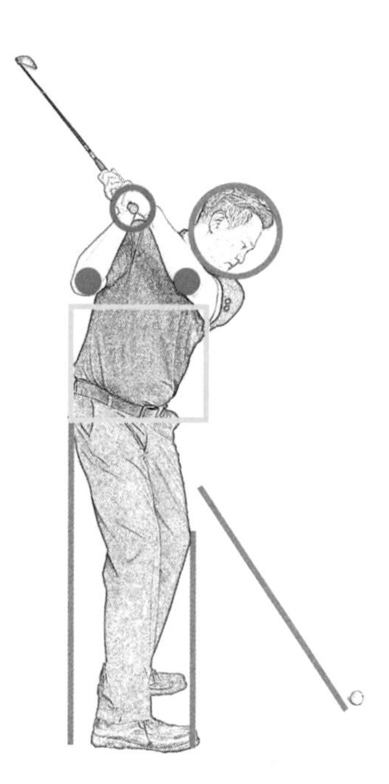

Analysis Stage 7-2 'Down the line' 분석 포커스

① 팔의 위치와 어깨의 기울기를 비교 분석한다.

팔의 높이와 어깨의 기울기는 상체 코일의 움직임, 척추의 움직임 그리고 밸런스의 변화에 의해서 영향을 받는다. 팔의 높이와 어깨의 기울기는 스윙의 높이와 스윙의 아크의 크기에 영향을 미친다.

② 왼쪽 팔의 위치와 상체의 기울기를 비교 분석한다.

백스윙 탑까지 머리 움직임과 척추 기울기의 변화를 분석하는 데 도움이 된다. 백스윙 탑이 만들어질 때 상체 코일의 정도를 분석할 수 있다. 골퍼에 따라서, 하체의 움직임에 의해서 왼쪽 팔의 위치와 상체의 기울기가 달라질 수도 있다.

③ 손과 머리 사이의 거리를 분석한다.

팔의 움직임만으로 스윙이 만들어지는지, 또는 상체의 코일과 팔의 움직임이 조화롭게 만들어지는지 분석하는 데 도움이 된다.

④ 백스윙 탑에서 손의 위치를 분석한다.

손의 위치는 스윙 궤도(Swing path)에 직접적으로 영향을 미친다. 특히, 백스윙 탑의 손의 위치에 따라서 다운스윙 전체의 움직임이 달라질 수 있다. 백스윙 탑에서 손의 위치를 자세하게 분석할 때, 더블 플레인 라인을 사용하는 것이 도움이 된다.

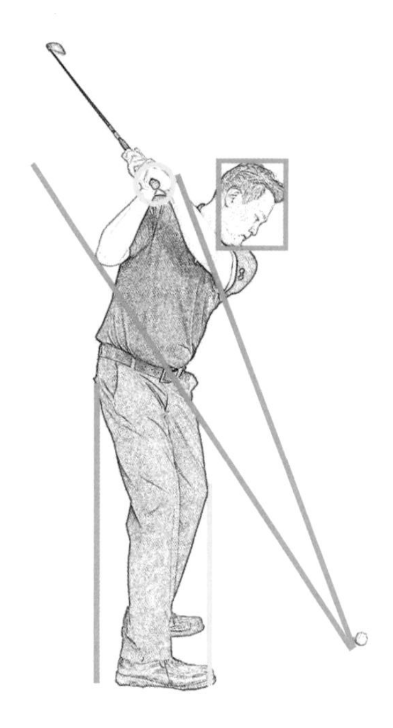

Analysis Stage 7-3 'Down the line' 분석 포커스

① 손등과 클럽 헤드 페이스의 상태와 가리키는 방향을 분석한다.

어드레스에서 클럽 헤드 페이스가 타깃을 향해서 어떻게 설정되었는지 확인한다. 백스윙 탑에서 왼쪽 손등(손목)과 클럽 헤드 페이스를, 왼팔이 지면에 평행할 때 손등과 클럽 헤드 페이스와 비교 분석한다(참고, 'Analysis Stage 6-1, 6-2').

손의 움직임은 클럽의 기울기와 클럽 헤드 페이스의 변화에 많은 영향을 준다. 만약 백스윙 탑까지 스윙을 하는 동안에 왼쪽 손등(손목)의 변화가 많다면, 클럽 헤드 페이스의 변화 또한 많다.

② 오른쪽 팔의 구부러진 정도와 오른쪽 팔꿈치의 높이를 분석한다.

백스윙의 크기와 다운스윙으로 전환할 때의 스윙의 타이밍에 영향을 준다.

③ 양쪽 팔꿈치의 움직임을 분석한다.

팔꿈치 높이를 서로 비교 분석한다. 스윙의 크기와 클럽의 위치에 영향을 준다.

양쪽 팔꿈치의 간격을 어드레스에서 팔꿈치 간격과 비교 분석한다. 스윙을 하는 동안에 어드레스에서 만들어진 양쪽 팔꿈치 간격을 유지하는 것은 일관성 있는 스윙을 만드는 데 영향을 준다. 팔이 펴진 정도와 양쪽 팔꿈치의 간격은 클럽, 팔, 그리고 몸이 조화롭게 움직이는 데 많은 영향을 준다.

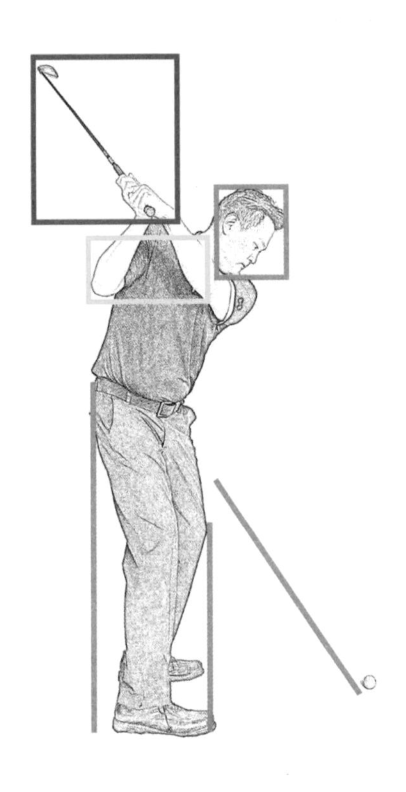

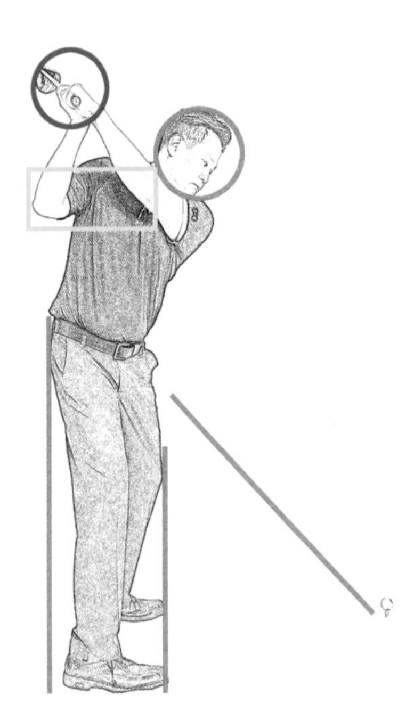

Analysis Stage 7-4 'Down the line' 분석 포커스

① 백스윙 탑에서 클럽이 가리키는 방향을 분석한다.

백스윙 탑에서 타깃을 기준으로,

- 클럽이 타깃에 평행한(Parallel to the target) 경우.
- 클럽이 골퍼의 얼라이먼트의 우측을 가리키거나, 타깃의 우측을 가리키는(Across the line) 경우.
- 클럽이 골퍼의 얼라이먼트의 좌측을 가리키는(Laid off) 경우.

클럽이 가리키는 방향이 위의 세 가지 중에서 어떤 상태인지 분석한다.

백스윙 탑에서 클럽이 가리키는 방향은 코일, 손의 움직임, 그리고 팔의 움직임에 따라서 달라진다. 또한 머리와 상체의 기울기가 달라지거나, 하체의 움직임이 많은 경우 역시 클럽의 가리키는 방향에 영향을 줄 수 있다. 이러한 경우에는 상체(척추와 어깨)의 기울기와 하체(무릎과 둔부)의 움직임을 비교 분석해야 한다.

② 팔의 펴진 정도와 손의 움직임을 분석한다.

백스윙 탑에서 팔이 많이 구부려지는 경우에는, 백스윙 탑의 스윙의 크기와 클럽의 위치가 일정하지 않게 만들어지는 데 영향을 미친다. 손(손등, 손목)의 움직임은 클럽 헤드 페이스뿐만 아니라 클럽의 기울기 변화에도 영향을 준다.

③ 어드레스에서, 얼라이먼트(Alignment)를 분석한다.

골퍼의 얼라이먼트가 타깃에 평행하지 않는 경우, 즉 골퍼의 얼라이먼트가 타깃의 우측 또는 좌측을 향하는 경우에는, 백스윙 탑에서 클럽의 가리키는 방향이 달라지는 데 영향을 미친다.

④ '테이크 어웨이 1'과 '테이크 어웨이 2'를 분석한다.

이들 구간에서의 손(손목)의 움직임에 의해서 백스윙 탑에서 클럽의 가리키는 방향이 달라질 수 있다. 이들 구간에서 골퍼의 몸에서부터 손과 팔 사이에 공간(거리)의 변화에 따라서 백스윙 탑에서 클럽의 가리키는 방향이 달라질 수 있다.

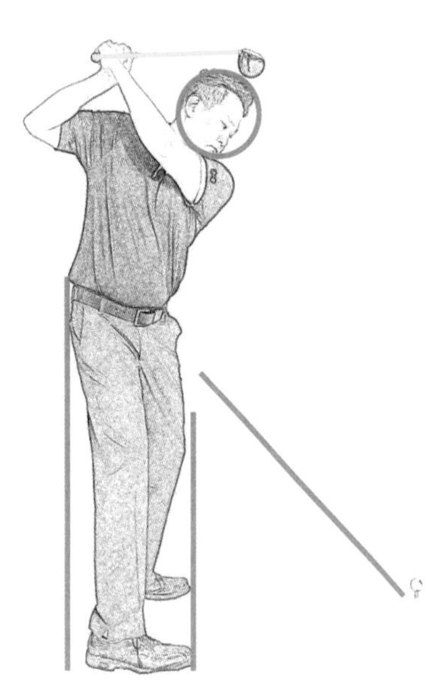

Analysis Stage 7-5 'Face on' 분석 포커스

① 머리의 움직임을 분석을 한다.

백스윙 탑까지 머리의 움직인 정도를 어드레스에서 머리의 위치와 비교 분석한다.

스윙의 기술적인 원인 외에도 골퍼의 유연성, 신체조건, 스윙의 습관 등 역시 머리의 움직임에 영향을 미친다. 백스윙 탑까지 머리의 움직임을 분석할 때, 어드레스에서 머리의 위치와 거의 같은 위치인지, 타깃 방향으로 머리가 움직였는지, 또는 타깃 반대 방향으로 머리가 움직였는지 대해서 분석한다.

머리의 움직임은 스윙 궤도, 척추 기울기, 축의 움직임(Pivot), 코일, 그리고 체중이동의 과정에 영향을 준다.

* 머리의 움직임을 분석할 때, 분석가는 골퍼의 얼굴의 기울기를 반드시 비교 분석해야 한다.

얼굴의 기울기 역시 축의 움직임, 척추의 기울기와 골반의 움직임, 그리고 무릎의 움직임에 많은 영향을 미친다. 또한 클럽의 움직임과 클럽 헤드 페이스의 변화에도 큰 영향을 준다. 특히, 다음과 같은 머리와 얼굴의 움직임은 이전 스윙 구간에 대한 보상동작을 만드는 움직임의 가능성이 매우 높다.

- 'DL' 분석할 때: 머리의 앞, 뒤로의 움직임, 머리의 높이 변화, 그리고 얼굴의 기울기의 변화.
- 'FO' 분석할 때: 머리의 좌, 우 방향으로의 움직임, 머리의 높이 변화, 그리고 얼굴의 기울기의 변화.

분석가는 이러한 움직임을 주의 깊게 관찰하고, 이러한 움직임의 원인이 무엇인지 정확하게 진단해야 한다.

머리와 얼굴의 기울기는 스윙 궤도와 스윙 플레인의 가파른 정도에 영향을 미친다. 스윙을 하는 동안에 골퍼는 머리와 얼굴의 기울기의 변화를 만들어서 보상동작을 만들기도 한다. 만약 모자에 가려져서 얼굴의 기울기의 확인이 어렵다면, 어드레스에서 모자의 기울기를 기준으로 스윙을 하는 동안에 골퍼의 모자의 기울기의 변화를 분석하면 된다.

* 드문 경우이지만 눈의 움직임에 의해서 머리의 움직임이나 얼굴의 기울기가 변화되는 경우도 있다. 이러한 경우에 분석가는 골퍼의 주시를 확인을 하고, 주시를 사용해서 공에 집중하도록 해야 한다. 또는 스윙을 하는 동안에 주시를 사용하는데도 공을 향해서 집중을 하지 못한다면, 분석가는 그 원인에 대해서 정확한 진단을 해야 한다. 이 경우에는 의학 전문가의 도움이 필요할 수도 있다.

예를 들면, 골퍼가 스윙의 출발을 확인하기 위해서 클럽 헤드를 응시하는 경우가 있다. 반면에, 골퍼의 의도와 관계없이 시선을 공에 제대로 두지 못하는 경우도 있다. 눈의 움직임에 의해서 과도한 머리의 움직임과 얼굴의 기울기의 변화가 발생하면, 골퍼는 주변시를 사용해서 공을 바라볼 수밖에 없다. 스윙을 할 때 주변시로 공을 응시하고 주시로 공에 집중하지 못한다면, 골퍼에 따라서 다양한 문제가 발생할 수 있다.

② 상체의 움직임이 백스윙 탑까지의 움직임에 어떠한 영향을 주는지 분석한다.

백스윙 탑까지 신체의 어느 부분을 사용해서 코일(Coil)을 하는지 분석한다. 코일을 할 때 사용되는 신체의 부위에 따라서 골퍼의 움직임(Body motion)과 축의 움직임(Pivot)이 달라진다.

이때, 상체의 움직임과 기울기를 분석하기 위해서, 어드레스에서 상체의 위치와 비교 분석을 한다. 이러한 움직임이 골퍼가 의도한 움직임인지 확인을 해야 한다. 골퍼가 의도한 신체 부위의 움직임이 아니거나 또는 골퍼가 의도한 상체의 기울기가 아니라면, 이러한 움직임은 다운스윙에서 보상동작의 원인이 될 수 있다.

백스윙 탑까지 복부, 등, 그리고 골반의 움직임을 분석한다. 타깃 반대 방향으로 움직이는지,

타깃 방향으로 움직이는지 비교 분석한다. 몸의 움직임과 축의 움직임을 분석을 할 수 있다. 이러한 움직임은 어깨의 움직임, 팔의 위치, 클럽의 기울기, 그리고 스윙의 크기에도 영향을 준다.

③ 하체의 움직임이 백스윙 탑까지의 움직임에 어떠한 영향을 미치는지 분석한다.

골반과 무릎의 움직임을 상체의 움직임과 비교 분석을 한다. 왼쪽 무릎이 많이 낮아지면, 머리의 움직임이 타깃 방향으로 기울거나 얼굴의 기울기에 영향을 준다. 이러한 머리의 움직임과 얼굴의 기울기는 척추의 기울기, 상체의 코일, 축의 움직임, 그리고 체중이동의 과정에 영향을 준다.

무릎의 움직인 방향과 높이의 변화를 어드레스에서 무릎의 위치와 비교 분석한다. 변화의 정도에 따라서 축의 움직임, 지면을 누르는 발의 압력의 배분, 그리고 백스윙 탑 이후의 동작에 영향을 미친다.

백스윙 탑까지 스윙의 일관성이 낮거나 과도한 몸의 움직임이 발생한다면, 발의 움직임을 분석한다(참고, 'Analysis Stage 7-1').

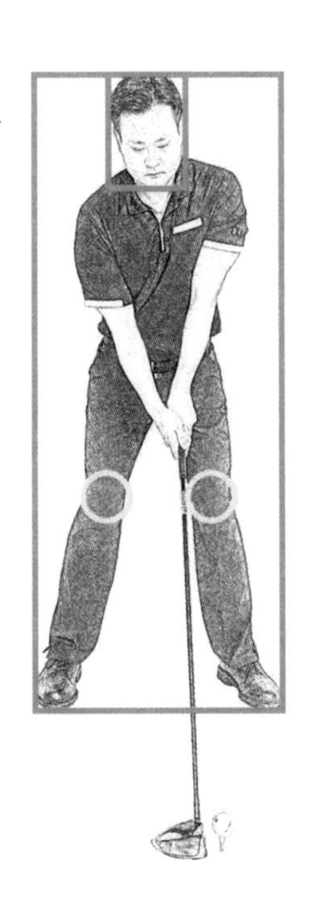
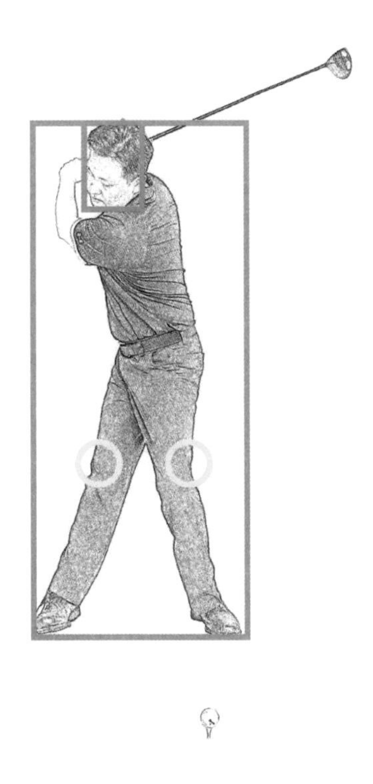

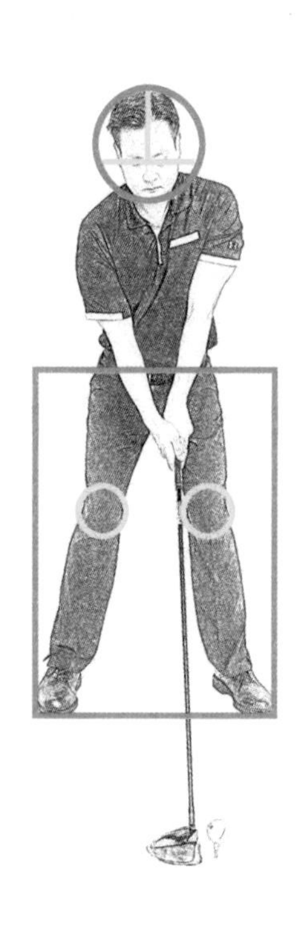

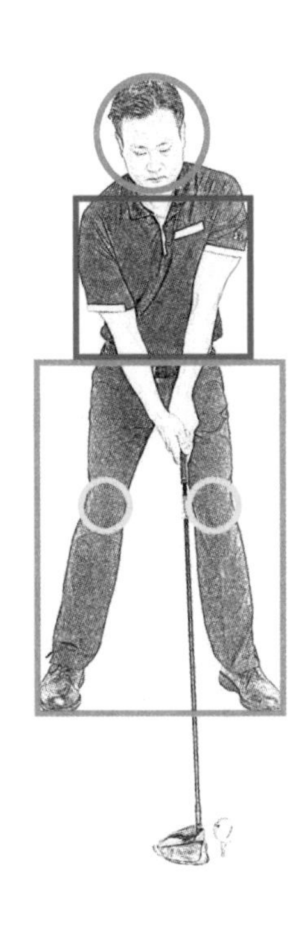
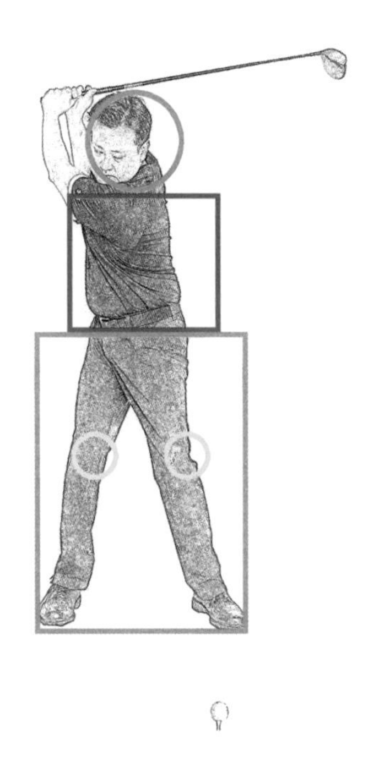

Analysis Stage 7-6 'Face on' 분석 포커스

① 백스윙 탑까지 스윙의 크기를 분석한다.

스윙의 크기, 즉 스윙 아크와 클럽의 위치를 분석할 때,

- 상체의 코일(Coil)과 손과 팔의 조화로운 움직임에 의해서 만들어지는지?
- 손과 팔의 움직임에 의해서 만들어지는지?
- 손, 손목의 움직임에 의해서 만들어지는지?
- 과도한 몸의 움직임에 의해서 만들어지는지?

이러한 조건에 따라서 스윙의 크기에 대해서 분석한다.

② 골퍼가 의도한 샷에 적합한지 클럽 헤드 페이스의 상태를 분석한다.

왼쪽 손등과 클럽 헤드 페이스의 방향을 분석한다(참고, 'Analysis Stage 6-2').
클럽 헤드 페이스가 유지되는지, 클로즈되었는지, 또는 오픈되었는지 어드레스에서 설정된 클럽 헤드 페이스를 기준으로 분석한다. 만약 골퍼가 의도한 샷에 적합한 클럽 헤드 페이스의 상태가 아니라면, 이전 분석 구간과 비교 분석해서 문제의 원인을 찾아야 한다.

③ 손, 팔과 머리 사이의 거리를 분석한다.

현재 구간에서 손, 팔 그리고 상체 코일의 조화를 비교 분석을 한다. 손과 팔의 높이 그리고 팔이 펴지거나 구부려진 정도를 함께 분석한다. 백스윙 탑까지 스윙의 크기와 전환 구간에서의 타이밍과 연관이 있다.

손과 머리 사이의 거리는 상체의 코일뿐 아니라, 손과 팔의 움직임만으로도 가까워질 수 있다. 오른쪽 팔과 왼쪽 팔의 높이 차이가 크다면, 손의 위치, 스윙의 크기, 그리고 클럽의 위치에 영향을 미친다. 이때, 양 팔꿈치 사이의 공간의 변화를 'DL'과 비교 분석한다(참고, 'Analysis Stage 7-1, 7-3'). 스윙을 하는 동안에 어드레스에서 만들어진 양쪽 팔꿈치 간격을 유지하는 것은 일관성 있는 스윙을 만드는 데 영향을 준다.

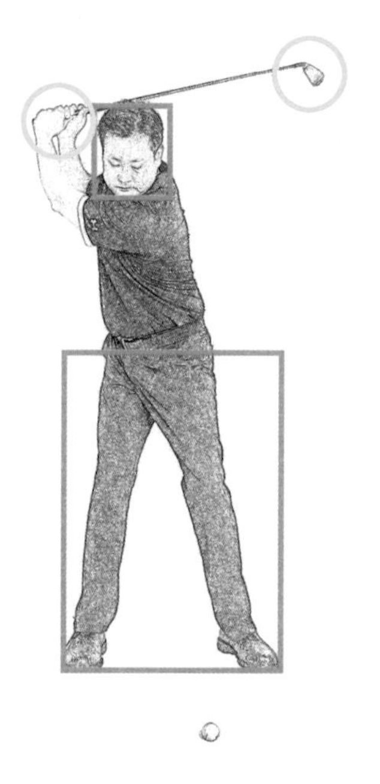

Analysis Stage 7-7 'Rear' 분석 포커스

① 머리의 움직임을 분석한다.

어드레스에서 머리의 위치를 기준으로 비교 분석한다. 머리의 움직임이 타깃 방향 또는 타깃 반대 방향으로 움직이는지 확인한다. 척추의 기울기, 체중이동의 과정, 축의 움직임(Pivot)에 영향을 준다.

② 등의 움직임을 분석한다.

어드레스에서 상체의 위치를 기준으로 비교 분석한다. 상체의 움직임이 타깃 방향 또는 타깃 반대 방향으로 움직이는지 분석한다. 상체의 코일, 체중의 이동의 과정, 축의 움직임(Pivot)에 영향을 준다.

③ 하체의 기울기가 타깃 방향 또는 타깃 반대 방향으로 움직이는지 분석한다.

어드레스에서 하체의 위치를 기준으로 비교 분석한다. 왼쪽 골반과 왼쪽 무릎(무릎 오금)의 움직임을 분석을 한다. 이 때, 머리의 기울기를 비교 분석을 해야 한다. 척추의 기울기, 체중이동의 과정, 밸런스, 축의 움직임(Pivot)에 영향을 준다.

④ 양쪽 팔꿈치의 높이를 분석한다.

양쪽 팔꿈치의 높이와 척추의 기울기를 비교 분석을 한다. 스윙의 가파른 정도, 스윙 아크의 크기에 영향을 준다.

⑤ 오른쪽 손의 움직임을 분석한다.

'RE'에서 오른손의 움직임이 어떻게 만들어지는지 분석하기에 적합하다. 오른쪽 손의 움직임의 분석으로 클럽의 기울기와 클럽 헤드 페이스의 변화를 분석할 수 있다. 또한, 이러한 클럽의 상태가 오른쪽 손의 움직임이 더 많아서 변화가 생기는지, 또는 왼쪽 손의 움직임이 더 많아서 변화가 생기는지 'RE'에서 분석이 가능하다.

'DL'과 'FO'에서도 오른손을 확인할 수 있지만, 'RE'에서 오른쪽 손의 움직임을 보다 정확하게 분석할 수 있다.

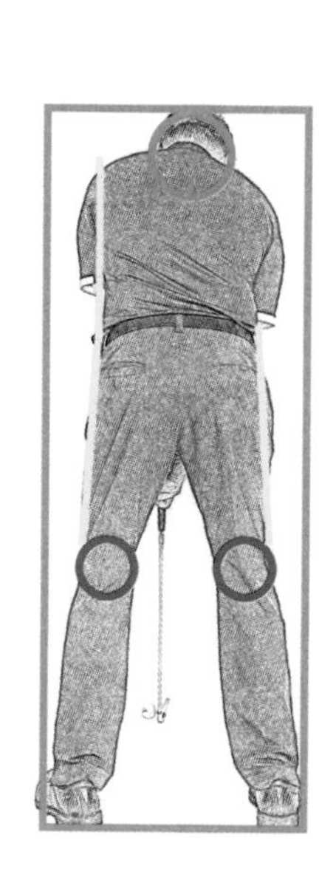

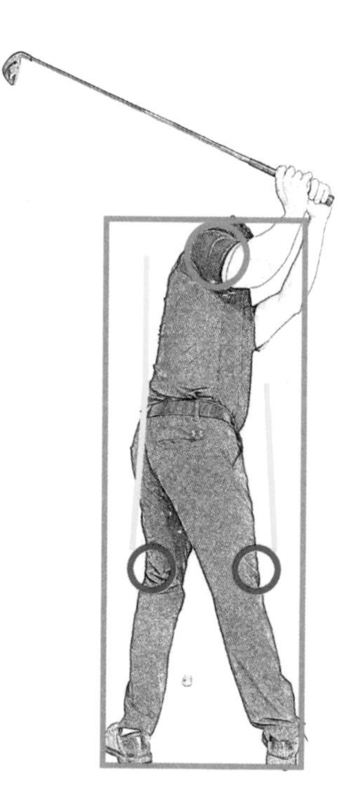

Analysis Stage 7-8 'From the target' 분석 포커스

① 클럽의 움직임을 분석한다.

'FT'에서 클럽의 기울기, 클럽 헤드의 위치, 클럽 헤드 페이스의 가리키는 방향을 자세하게 분석할 수 있다. 특히, 백스윙 탑에서 클럽의 'Across the line', 'Parallel to the target' 또는 'Laid off'와 같은 클럽의 위치를 분석하는 데 매우 효과적이다. 이러한 클럽의 위치는 팔꿈치와 손의 움직임과 연관이 매우 크다. 그러므로 팔꿈치와 손의 움직임을 클럽의 움직임과 비교 분석해야 한다.

② 손의 움직임을 클럽 헤드 페이스의 가리키는 방향과 비교 분석한다.

백스윙 탑에서 손의 움직임에 따라서 클럽 헤드 페이스의 가리키는 방향에 어떠한 영향을 주는지 분석이 가능하다.

③ 팔과 몸의 움직임의 조화를 비교 분석한다.

팔, 팔꿈치의 움직임을 등, 무릎의 움직임과 비교 분석한다. 백스윙 탑에서 클럽의 위치와 스윙 아크의 크기에 영향을 준다.

④ 척추의 기울기를 상체의 코일과 비교 분석한다.

머리의 움직임, 등의 움직임, 둔부의 움직임, 그리고 무릎의 움직임과 연관이 있다. 밸런스 라인과 토우 라인을 사용해서 움직임을 분석한다.

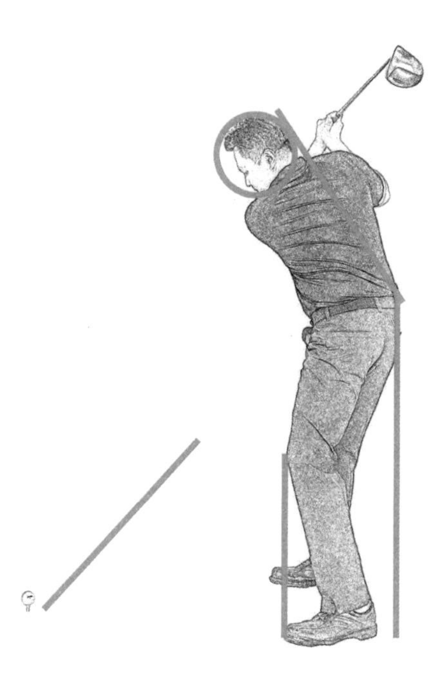

Analysis Stage 8

전환

Transition

'Analysis Stage 8'은 백스윙 탑을 완성하면서 동시에 다운스윙을 시작하는 전환 구간이다. 현재 구간에서는 백스윙 탑의 완성 전부터 다운스윙의 시작까지의 움직임을 분석한다.

전환의 움직임은 다운스윙을 시작하는 과정이며, 백스윙을 하는 동안에 골퍼의 스윙 테크닉, 리듬, 템포, 그리고 보상동작에 따라서 골퍼마다 다르게 만들어진다.

또한, 전환할 때 사용되는 골퍼 신체의 부위 그리고 신체 부위의 움직이는 순서와 방향의 영향을 받는다. 신체 움직임의 순서와 방향에 따라서, 골퍼가 백스윙 탑을 완성시키는 마지막 움직임과 동시에 다운스윙으로의 역동적인 움직임을 확인할 수 있다. 전환에서 움직임은 다운스윙 궤도와 샷의 결과에 매우 중요한 영향을 미친다.

현재 구간에서 클럽의 움직임과 몸의 움직임을 분석할 때의 참고해야 할 사항들은 아래와 같다.

- 골퍼는 왜 이러한 움직임을 만드는지? 또는, 이러한 움직임이 만들어지는지?
- 이러한 움직임의 근본적인 원인은 무엇인지?
- 골퍼가 원하는 샷의 결과를 만들기 위해서, 의도적으로 이러한 움직임을 만든 것인지?
- 골퍼의 의도와 관계없이, 이전 구간에서의 움직임에 대해서 보상하는 동작인지?

분석가는 위와 같은 사항들을 참고해서 신중하게 분석해야 한다.

* 분석의 효과를 높이기 위해서 다음과 같이 비교 분석해야 한다.

- 'Down the line' & 'Face on'
- 'Down the line' & 'From the target'
- 'Down the line' & 'Rear'
- 'Face on' & 'From the target'
- 'Face on' & 'Rear'

위와 같이 서로 비교한다면 분석의 효과를 높일 수 있다.

전환 구간에서 움직임을 분석할 때, 선이나 도형을 사용하는 방법은 분석의 정확도를 최대한 높일 수 있도록 분석가의 필요에 따라서 사용하는 것을 권장한다.

* 실제 샷의 결과와 일치하지 않더라도 샷의 구질을 예측하고 진단하는 것은 필요하다. 왜냐하면, 보상동작의 원인을 파악하는 데 도움이 되고 또한 보상동작이 만들어지는 횟수를 계산하는 데 도움이 되기 때문이다. 보상동작의 횟수를 계산하는 이유는 분석 이후에 문제의 원인을 제거하거나 교정하려고 할 때, 우선순위를 정하는 데 매우 중요한 자료로 사용된다.

Analysis Stage 8-1 'Down the line' 분석 포커스

① 전환 구간에서 움직임과 백스윙 탑 이전의 동작들을 비교 분석해야 한다.

전환 동작은 백스윙에 의해서 만들어진다. 백스윙의 과정에 의해서 만들어지거나, 또는 백스윙 과정에서의 움직임을 보상하려는 동작의 시작이 될 수도 있다.

② 신체의 움직임의 과정을 분석한다.

머리, 둔부, 무릎 그리고 손의 움직이는 순서와 방향은 다운스윙에 큰 영향을 준다. 특히 머리의 앞뒤로의 움직임과 무릎이 구부려지는 정도는 척추의 기울기와 클럽의 움직임에 많은 영향을 미친다.

백스윙에서 다운스윙으로 전환하는 구간부터 몸의 움직임과 스윙의 속도는 매우 역동적이고 빠르게 만들어진다. 그러므로 전환 구간에서 하체의 움직임을 분석할 때 다음과 같이 구분해야 한다.

- 골반의 기울기와 회전을 분석한다.
- 허벅지의 기울기와 위치를 분석한다.
- 무릎의 높이와 위치를 분석한다.
- 골반과 무릎의 움직이는 방향을 비교 분석한다.
- 발의 토우(toes)와 힐(heels)의 움직이는 방향과 위치를 분석한다.

이와 같이 하체의 부위를 구분해서 움직임을 분석해야 한다.

③ 타깃을 기준으로 클럽이 가리키는 방향을 분석한다.

전환 동작에서 클럽이 가리키는 방향은 다운스윙에 많은 영향을 미친다. 다운스윙의 테크닉뿐만 아니라 스윙의 타이밍에 많은 영향을 준다.

④ 그립의 끝과 손이 움직이는 방향 그리고 팔의 기울기를 비교 분석한다.

백스윙의 움직임에 의해서 만들어지고, 다운스윙 궤도에 많은 영향을 미친다. 전환 구간 이후에 다운스윙에서 클럽과 몸의 움직임을 예측하고 분석을 할 수 있다.

⑤ 왼쪽 손등과 클럽 헤드 페이스의 방향을 비교 분석한다.

골퍼가 만들고자 하는 샷에 적합한지 또는 전환 구간 이후에 다운스윙에서 보상동작이 필요한지 분석할 수 있다.

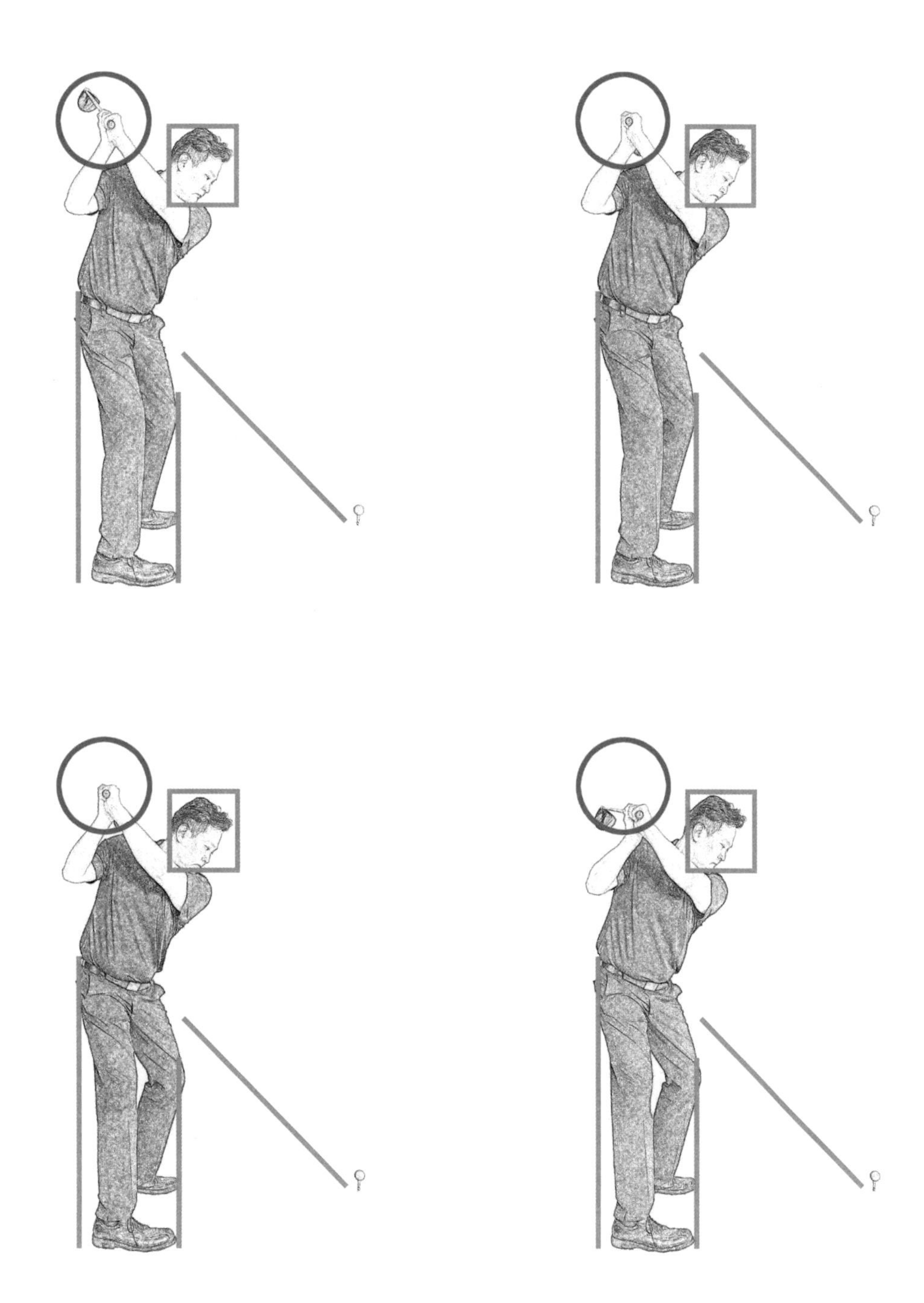

Analysis Stage 8-2 'Face on' 분석 포커스

① 백스윙 탑을 기준으로, 전환 구간의 움직임이 타깃 반대 방향으로 움직이는지 또는 타깃 방향으로 움직이는지 분석한다.

전환 구간에서 클럽과 몸이 움직이는 방향을 분석한다. 그리고 클럽과 몸의 움직임의 순서를 분석을 한다. 전환 구간에서 클럽과 몸의 움직임은 리듬, 템포, 타이밍 그리고 보상동작과 연관이 크다. 또한 스윙의 일관성에 영향을 준다.

② 머리, 등, 골반의 움직임의 방향과 순서를 비교 분석한다.

척추의 기울기, 클럽의 움직임 그리고 클럽 헤드 페이스 변화에 영향을 준다. 이때, 왼쪽 손등과 클럽 헤드 페이스가 가리키는 방향을 비교 분석한다(참고, 'Analysis Stage 8-1').

전환 구간에서는 여러 가지 원인에 의해서 손의 움직임, 손목의 각 그리고 손등의 각이 달라 질 수 있다. 특히 'Analysis Stage 8'부터는 백스윙에 비해서 클럽의 속도가 매우 빨라진다. 그리고 몸의 역동적인 움직임, 손의 악력, 골퍼의 이론, 보상동작 등에 따라서 왼쪽 손등의 각은 어드레스에서 손등의 각과 달라질 수 있다.

왼쪽 손등의 각의 변화를 분석한다면, 어드레스에서 만들어진 클럽 헤드 페이스의 상태가 유지되는지, 클로즈되었는지 또는 오픈되었는지 알 수 있다.

손의 움직임은 클럽 헤드 페이스의 변화에 직접 영향을 준다. 그리고 클럽 헤드 페이스는 샷의 결과에 매우 큰 영향을 미친다. 따라서, 임팩트까지 왼쪽 손등의 각과 클럽 헤드 페이스의 변화를, 어드레스에서 만들어진 손등의 각과 클럽 헤드 페이스를 기준으로 비교 분석한다.

분석가의 필요에 따라서 'Rear'서 오른쪽 손(손등)의 움직임을 분석할 수도 있다.

③ 골반과 무릎의 움직임을 비교 분석한다.

골반과 무릎이 움직이는 순서와 방향에 의해서 다리의 기울기 그리고 클럽의 기울기가 다르게 만들어진다. 골반과 무릎의 움직이는 순서와 방향은 체중이동의 과정과 손과 팔의 움직임에 영향을 준다. 그리고 손과 팔의 움직임에 의해서 클럽의 움직임에 영향을 미친다.

④ 상체의 움직임과 하체의 움직임을 비교 분석한다.

백스윙 탑의 위치를 기준으로, 상체와 하체의 움직이는 방향과 순서를 분석한다. 상체와 하체의 움직이는 방향과 순서에 따라서, 백스윙의 완성과 체중이동의 과정에 영향을 주고, 다운스윙을 시작하는 타이밍과 많은 연관이 있다. 또한, 스윙의 스피드를 높이기 위한 몸의 역동적인 움직임에 큰 영향을 미친다. 스윙을 하는 동안에 상체와 하체의 움직이는 방향과 순서는 보상동작에 따라서 달라지기도 한다.

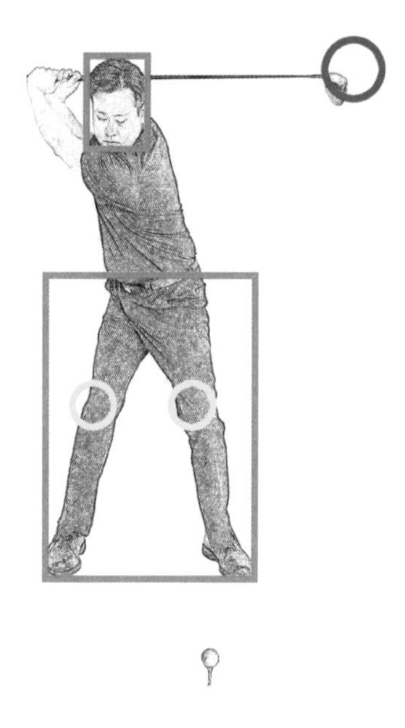

Analysis Stage 8-3 'Rear' 분석 포커스

① 스윙 축의 움직임(Pivot)을 분석한다.

'Rear'은 축의 움직임(Pivot)을 분석하는 데 최적의 분석 방향이다. 축의 움직임이 타깃 방향으로 움직이는지 또는 타깃 반대 방향으로 움직이는지 분석한다. 이러한 축의 움직임은 스윙 궤도(Swing path)에 많은 영향을 미친다.

② 머리, 등 그리고 골반의 움직임을 분석한다.

머리, 등, 그리고 골반의 움직이는 방향과 기울기를 비교 분석한다. 척추의 기울기의 변화, 다운스윙을 시작하는 타이밍, 클럽의 움직임에 영향을 준다. 또한 팔꿈치와 손의 위치에 영향을 준다.

③ 무릎(무릎 오금)과 골반의 움직임을 분석한다.

무릎과 골반의 움직임은 체중이동의 과정과 클럽의 움직임에 직접적으로 영향을 준다. 또한 역동적인 몸의 움직임과 스윙을 만드는 데 많은 영향을 미친다.

④ 팔꿈치와 손의 움직임을 분석한다.

오른쪽 팔꿈치와 오른쪽 손의 높이는 척추의 기울기와 연관이 크다. 오른쪽 팔꿈치와 오른쪽 손의 높이는 스윙 궤도의 가파른 정도를 보여 준다. 오른쪽 팔꿈치와 오른손의 움직임에 따라서 변화되는 클럽의 기울기와 클럽 헤드 페이스를 분석한다.

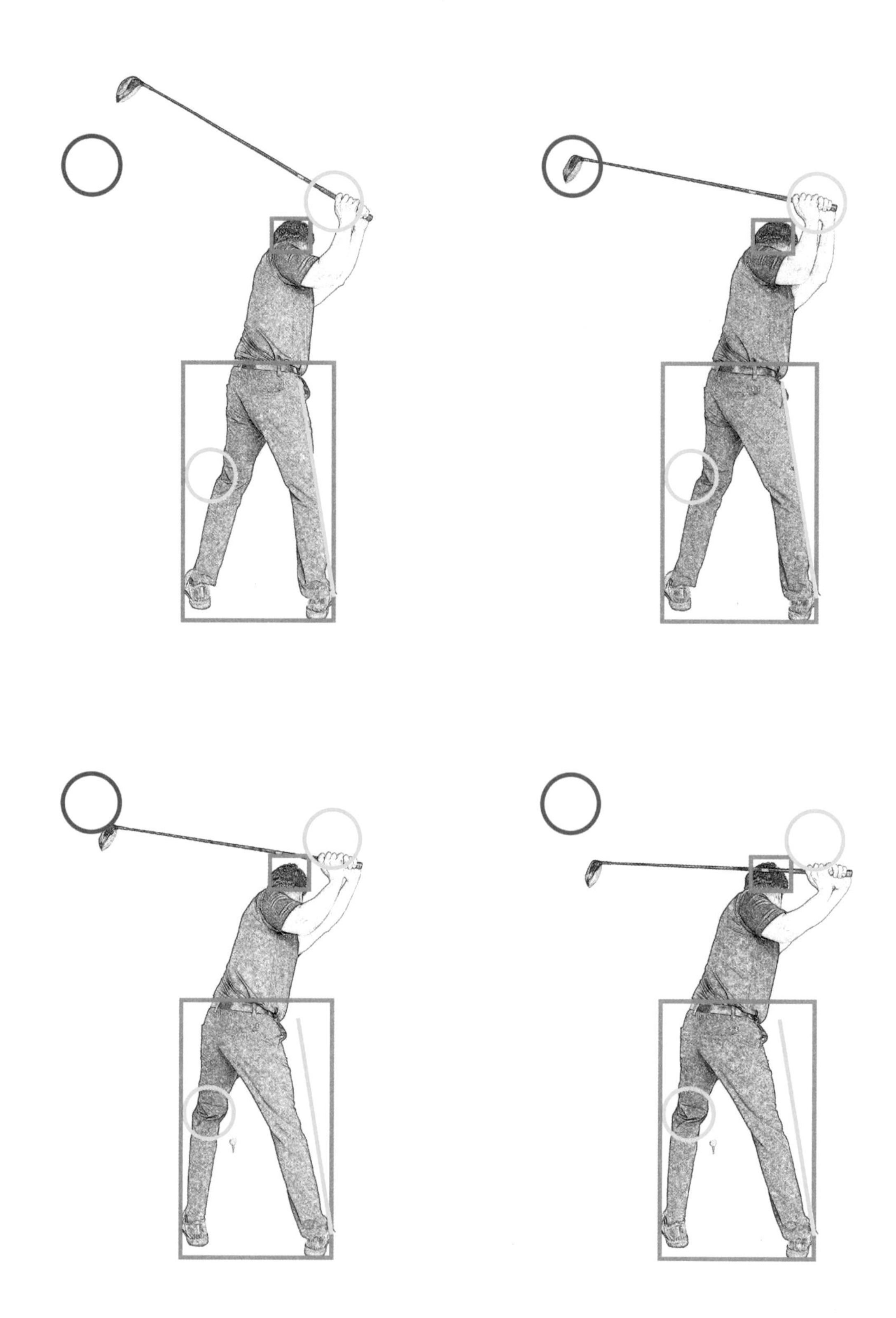

Analysis Stage 8-4 'From the Target' 분석 포커스

① 손과 클럽의 움직임을 분석한다.

전환 구간에서, 양쪽 손의 움직임 그리고 클럽의 기울기와 클럽 헤드 페이스의 변화를 비교 분석한다. 클럽과 몸의 조화, 스윙의 일관성, 보상동작의 유무에 대한 분석이 가능하다. 이러한 분석을 통해서 임팩트 이전에 샷의 구질을 예측해서 진단할 수 있다.

② 전환 구간에서 신체의 각 부위의 움직이는 순서와 방향을 분석한다.

신체 각 부분의 움직임이는 순서와 방향은 백스윙에 의해서 자연스럽게 만들어지거나 또는 보상동작에 따라서 달라질 수 있다.

③ 하체의 움직임을 분석한다.

토우 라인을 기준으로 양쪽 무릎의 구부려지는 정도를 분석한다(참고, 'Analysis Stage 8-1'). 척추의 기울기의 변화와 다운스윙 궤도에 많은 영향을 준다. 또한 스윙의 타이밍과 역동적인 움직임을 만드는 데 큰 영향을 미친다.

④ 머리의 움직임을 등의 움직임과 비교 분석한다.

머리와 등의 움직임을 비교 분석하면, 코일의 정도와 척추의 움직임의 분석이 가능하다. 이러한 움직임은 스윙의 일관성과 연관이 있다.

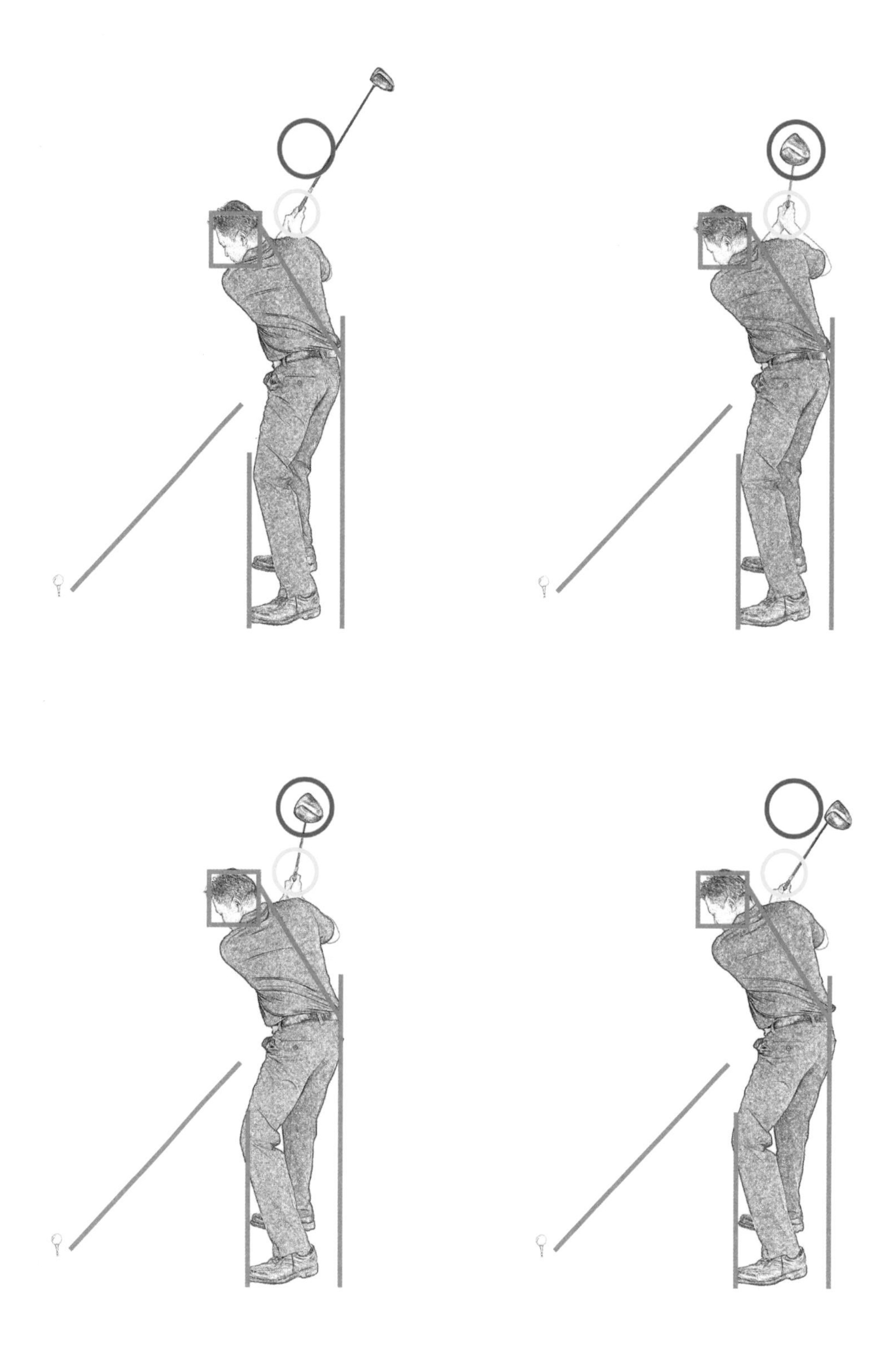

Analysis Stage 9

다운스윙: 왼팔이 지면에 평행할 때까지

Until the left arm is parallel to the ground in the downswing

현재 구간에서 왼팔이 지면에 평행 한 위치를 다운스윙의 하프 스윙(Half of downswing) 이라고 한다. 이 위치는 'Analysis Stage 6'의 백스윙의 하프 스윙(Half of backswing)과 자주 비교하게 된다.

분석가는 현재 구간에서의 동작을 분석할 때, 이전 'Analysis Stage 8. 전환(Transition)'에서와 마찬가지로 아래의 사항을 유의해야 한다.

- 현재의 다운스윙을 만들기 위해서 어드레스 또는 백스윙의 시작부터 골퍼가 의도한 것인지?
- 골퍼의 의도와 상관없이, 현재 구간에서의 움직임은 이전의 동작을 보상하는 것인지?
- 왜 이러한 의도한 동작 또는 의도하지 않은 동작이 만들어지는지?
- 이러한 동작의 근본적인 원인은 무엇인지?
- 현재의 움직임이 이후에 동작에 어떠한 영향을 미치는지?

동작 분석을 할 때, 동작의 근본적인 원인을 찾기 위해서 이전의 동작과 연관해서 분석해야 한다. 또한 분석가는 현재의 동작이 다음 구간의 동작에 미치는 영향을 예측할 수 있다면, 다음 구간 분석을 정확하게 하는 데 도움이 된다.

Analysis Stage 9-1 'Down the line' 분석 포커스

① 현재 구간에서 머리의 움직임을 백스윙 탑과 어드레스에서 머리의 위치와 차이가 있는지 비교 분석한다.

머리의 위치와 기울기의 변화는 척추의 기울기와 체중이동의 과정에 영향을 준다. 머리의 위치와 기울기의 변화가 크다면 백스윙 또는 어드레스에 대한 보상동작을 만들려는 움직임일 수도 있다.

② 머리의 움직임과 상체와 허리의 움직임을 비교 분석한다.

머리의 움직이는 방향과 등, 배, 그리고 허리의 움직임은 스윙 스피드와 체중이동의 과정, 척추 기울기의 변화 그리고 스윙 궤도에 영향을 준다.

머리나 상체의 기울기가 백스윙 탑의 위치보다 더 앞으로('FO'방향) 움직이는 경우, 클럽의 기울기가 가파르게 만들어질 것이다. 더 뒤로('RE'방향) 움직이는 경우, 클럽의 기울기가 완만해지거나 클럽 헤드 페이스가 오픈될 것이다.
클럽의 기울기의 변화나 클럽 헤드 페이스의 변화가 심하거나 백스윙과 반대되는 움직임이 있다면 백스윙 또는 어드레스의 보상동작일 수도 있다.

머리와 상체 움직임이 많으면 손과 팔의 위치를 비교 분석한다.
머리, 등, 배, 그리고 허리의 움직임에 따라서 손과 팔의 움직임이 만들어진다. 다운스윙에서 손과 팔이 상체에서 멀어지는 정도는 스윙 궤도에 직접적으로 영향을 준다.
하지만 머리와 상체의 움직임뿐 아니라, 손과 팔의 보상동작 또는 하체의 보상동작으로 인해서 클럽의 움직임이 전혀 다르게 만들어질 수도 있다. 이러한 보상동작이 만들어진다면, 상체의 기울기와 하체의 움직임을 반드시 비교 분석해야 한다.

③ 현재 구간에서 무릎의 움직임을 백스윙 탑과 어드레스에서 위치와 차이가 있는지 비교 분석을 한다.

토우 라인을 기준으로 양쪽 무릎의 움직임을 분석한다. 무릎의 높이의 변화가 많으면 머리의 움직임과 척추의 기울기에 영향을 준다. 또한, 무릎 높이의 변화 정도에 따라서 체중이동의 과정과 손과 팔의 움직임에 영향을 준다.

무릎의 움직임은 타깃 방향으로 골반과 상체가 오픈되는 정도에 영향을 줘서 스윙 궤도의 변화를 만든다. 밸런스 라인을 기준으로 둔부 그리고 골반의 움직임을 분석한다.

양쪽 무릎의 높이가 어드레스나 백스윙 탑보다 낮아지면 머리와 상체의 움직임은 공이 놓여 있는 방향('FO'방향) 또는 타깃 방향('FT'방향)으로 기울어진다. 이러한 움직임은 타깃 방향으로 골반이 많이 오픈되게 만들고 또한 스윙 궤도가 가파르게 만들어질 것이다.

오직 오른쪽 무릎의 높이가 어드레스나 백스윙 탑보다 낮아지면, 머리 움직임이 타깃 반대 방향(어드레스에서의 머리 위치보다 더 오른쪽) 기울어지거나 백스윙 탑에서 머리 위치보다 뒤로('RE'방향) 움직인다.

이러한 움직임은 타깃 방향으로 골반이 많이 오픈되게 만들고 또한 스윙 궤도가 완만하게 만들어질 것이다. 이러한 무릎의 움직임은 몸과 클럽의 보상동작을 유발시켜서, 스윙의 일관성과 역동적인 움직임을 방해하는 원인이 된다.

분석의 정확도를 높이기 위해서, 분석가는 'FO'에서 무릎의 움직임과 반드시 비교 분석을 해야 한다. 또한, 머리의 움직임과 얼굴의 기울기를 비교 분석해야 한다.

다운스윙을 할 때, 무릎이나 발의 움직임에 의해서 머리나 상체의 움직임이 백스윙과 반대되는 움직임이 있다면 백스윙 또는 어드레스에 대한 보상동작일 가능성이 높다. 분석가는 골퍼가 이러한 동작을 의도했는지 반드시 확인해야 한다.

④ 현재 구간의 손의 위치와 클럽의 기울기를 'Analysis Stage 6-1'과 비교 분석한다.

'Analysis Stage 6-1'에서, 손의 위치와 클럽의 기울기를 미리 표시를 한다. 그 후에, 'Analysis Stage 6-1'을 기준으로 다운스윙에서 손의 움직임과 클럽의 기울기를 비교 분석한다. 손의 위치와 스윙 궤도를 분석할 수 있다. 상체 또는 하체 움직임이 손의 위치와 클럽의 기울기에 어떠한 영향을 미치는지에 대해서 분석해야 한다.

⑤ 전환 구간부터 현재 구간까지 손의 움직임을 비교 분석한다.

몸에서부터 팔과 손이 멀어지거나 가까워지는 정도에 따라서, 클럽의 기울기와 헤드 페이스의 변화를 분석을 한다. 골퍼의 몸의 움직임이 손의 위치와 클럽의 기울기에 어떠한 영향을 주는지에 대해서 분석을 할 수 있다. 하지만 손과 팔의 보상동작 또는 하체의 보상동작으로 클럽의 움직임이 전혀 다르게 만들어질 수도 있다. 또한, 머리의 움직임과 얼굴의 기울기의 변화로 보상동작을 만들 수도 있다.

* 요약하자면, 실제 샷을 할 때, 머리, 얼굴, 무릎, 그리고 발의 움직임은 척추의 기울기의 변화에 가장 큰 영향을 미친다.

척추의 기울기의 변화에 따라서, 손과 팔의 움직이는 방향 또는 상체에서 멀어지는 정도가 다르게 만들어진다. 그리고 이러한 움직임에 의해서, 클럽의 기울기와 클럽 헤드 페이스 상태 또한 만들어진다. 하지만, 골퍼가 갑작스러운 보상동작을 하거나 또는 샷을 만들기 전부터 의도하고 인위적인 움직임을 만든다면, 클럽의 기울기와 과 클럽 헤드 페이스의 상태는 다시 바뀌게 된다.

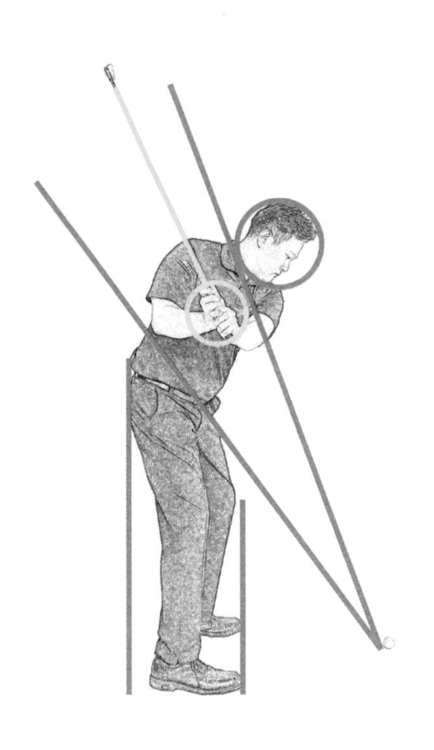

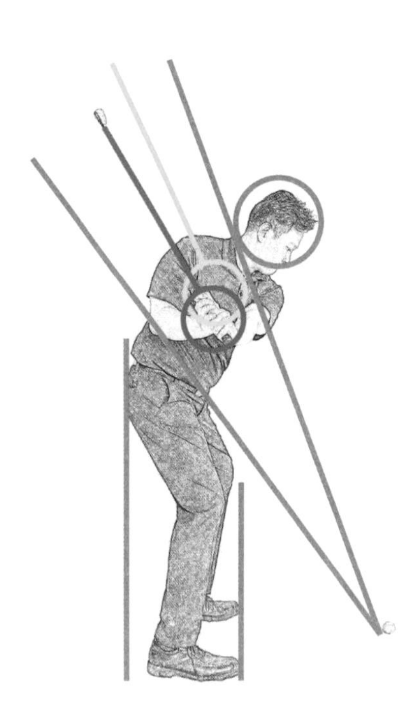

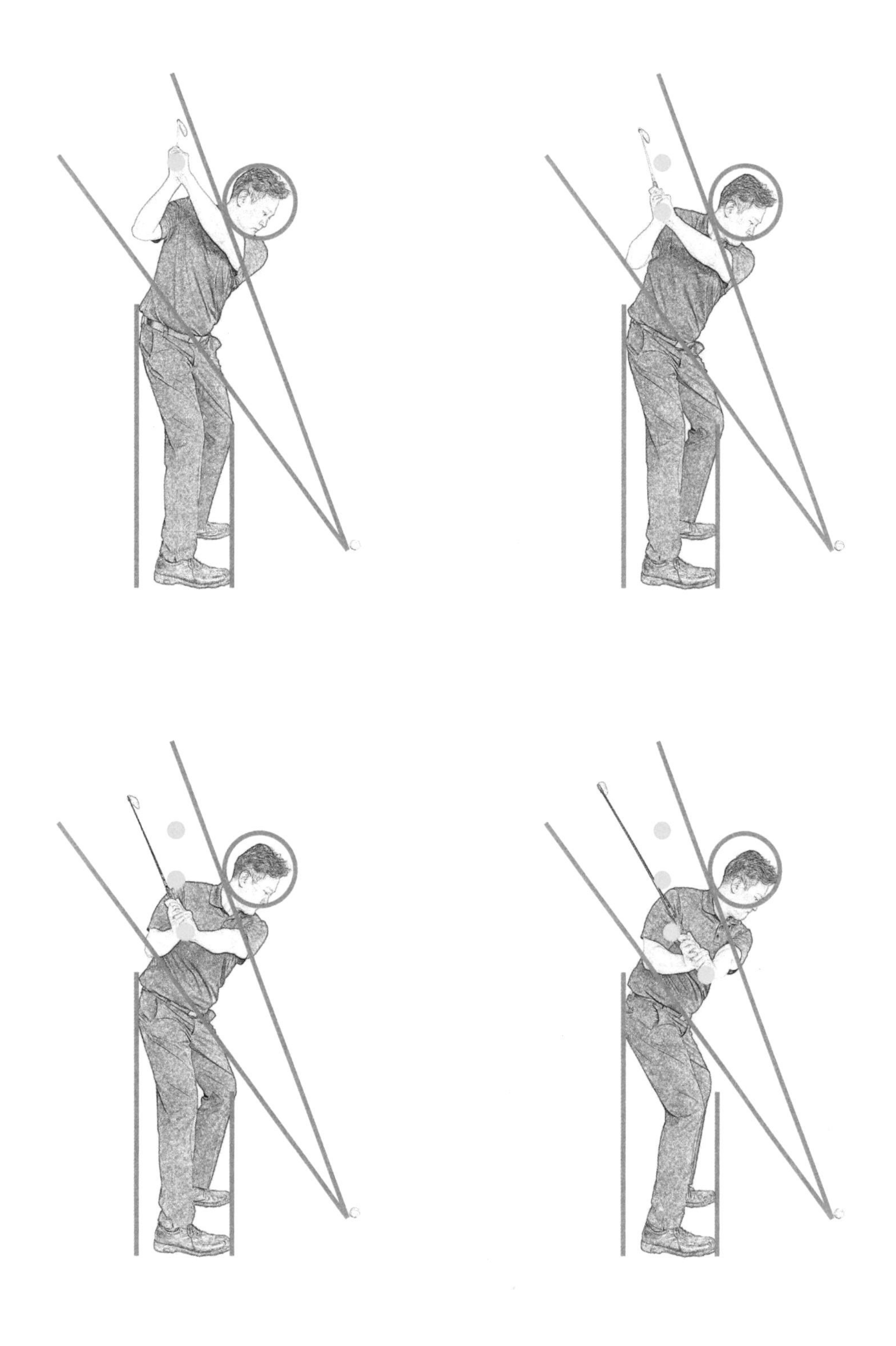

Analysis Stage 9-2 'Face on' 분석 포커스

① 현재 구간에서 머리의 움직임을 백스윙 탑과 어드레스에서 머리의 위치와 차이가 있는지 비교 분석한다.

어드레스에서 머리의 위치보다 타깃 방향으로 머리가 움직임이거나 얼굴이 기울어지면, 스윙 궤도가 가파르게 만들어진다. 어드레스에서 머리의 위치보다 타깃 반대 방향으로 머리가 움직이거나 얼굴이 기울어지면, 스윙 궤도가 완만하게 만들어진다.

② 상체와 골반의 움직임을 분석한다.

가슴, 배, 그리고 등이 타깃 방향을 향해서 어떻게 움직이는지 분석한다. 이러한 움직임은 다운스윙을 할 때 스윙의 파워에 많은 영향을 미친다. 배와 등이 움직일 때 골반 역시 함께 움직이게 된다. 배와 등 그리고 골반이 타깃 방향으로 오픈되는 정도에 따라서 체중이동의 과정을 분석할 수 있다.

또한 팔과 손의 움직임, 클럽의 기울기에 영향을 미치므로 비교 분석을 해야 한다. 다운스윙을 하는 동안에 머리나 상체의 움직임이 백스윙의 움직임과 반대되는 움직임이 만들어진다면, 어드레스나 백스윙에 대한 보상동작일 가능성이 크다.

③ 양쪽 무릎의 움직임을 분석한다.

무릎의 움직임을 분석을 할 때, 각 무릎의 움직이는 방향, 양쪽 무릎 사이의 간격 그리고 각 무릎의 높이의 변화를 분리해서 분석해야 한다. 무릎의 움직임은 체중이동의 과정과 배와 골반이 타깃 방향으로 오픈되는 정도에 영향을 준다. 그리고 이러한 움직임은 척추의 기울기와 스윙 궤도의 변화에 영향을 미친다.

만약 백스윙 탑 이후에, 타깃 방향으로 왼쪽 골반이 왼쪽 무릎보다 움직임이 더 많거나, 또는 왼쪽 무릎의 위치가 백스윙 탑이나 어드레스보다 낮아진다면, 머리나 척추의 움직임이 타깃 방향으로 기울어질 것이다. 그리고 이러한 움직임들에 의해서 스윙 궤도가 가파르게 만들어질 수 있다.

만약 백스윙 탑 이후에, 오른쪽 무릎의 위치가 왼쪽 무릎보다 낮아지거나 또는 어드레스의 오른쪽 무릎의 위치보다 낮아진다면, 머리나 척추의 움직임이 타깃 반대 방향으로 기울어질 것이다. 그리고 이러한 움직임들에 의해서 스윙 궤도가 완만하게 만들어질 수 있다.

이러한 무릎의 움직임은 몸과 클럽의 보상동작을 유발시키는 원인이 된다. 그리고 스윙의 일관성과 역동적인 움직임을 방해할 수 있다.

분석의 정확도를 높이기 위해서 분석가는 'DL'에서 무릎의 움직임과 반드시 비교 분석을 해야 한다(참고, 'Analysis Stage 9-1'). 무릎뿐 아니라, 발의 움직임에 의해서 머리나 상체의 움직임이 백스윙과 반대되는 움직임이 있다면, 어드레스나 백스윙에 대한 보상동작일 가능성이 크다.

④ 손과 팔의 움직임을 분석한다.

현재 구간에서 손목과 클럽의 기울기를 'Analysis Stage 6-2'에서 클럽의 기울기와 비교 분석을 한다. 'Analysis Stage 6-2'에서 손목과 클럽의 기울기보다 완만하면, 손과 팔이 경직되거나 스윙의 스피드가 느려질 수도 있다. 이때, 팔이 구부려지거나 펴진 정도와 팔꿈치의 높이를 분석한다.

오른쪽 팔꿈치의 위치가 왼쪽 팔꿈치 위치보다 높거나 또는 낮은 경우에, 클럽의 움직임은 어떻게 변하는지에 대해서 비교해서 분석한다. 팔꿈치의 구부러지거나 펴진 정도 그리고 높이는 클럽의 기울기에 영향을 미친다.

⑤ 왼쪽 손등과 클럽 헤드 페이스가 향하는 방향을 비교 분석한다.

현재 구간에서 왼쪽 손등과 클럽 헤드 페이스의 가리키는 방향을 'Analysis Stage 6-2'에서 왼쪽 손등과 클럽 헤드 페이스의 가리키는 방향을 비교 분석한다.

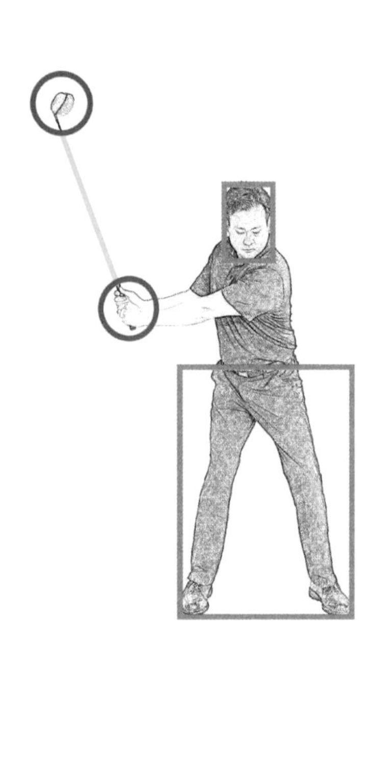

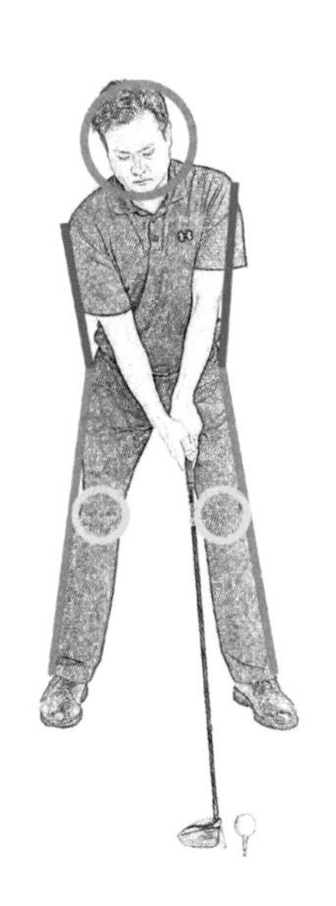

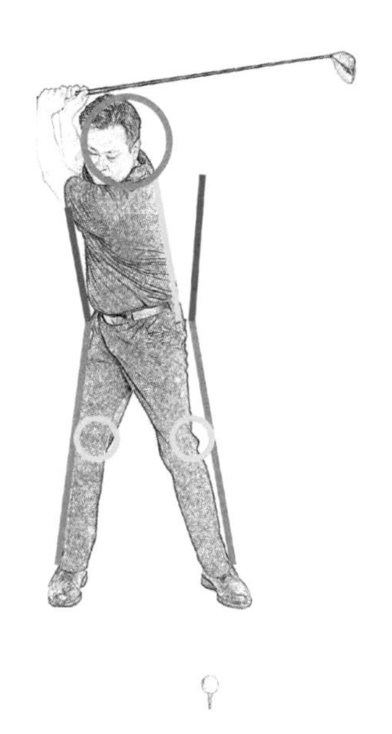

Analysis Stage 9-3 'Rear' 분석 포커스

① 현재 구간에서 머리의 움직임을 어드레스에서 머리의 위치를 기준으로 분석한다.

머리의 움직임이 어드레스에서 머리 위치보다 낮아지거나 또는 높아지는지 분석한다. 과도한 머리의 상, 하 움직임은 스윙의 속도를 방해한다. 또한, 척추의 움직임에 영향을 준다. 이때, 상체 또는 무릎(무릎 오금) 중에서 어느 신체부위의 변화가 머리의 움직임에 더 영향을 주는지 분석한다.

② 전환 구간에서부터 머리와 등의 움직임을 분석한다.

머리와 등의 움직임이 타깃 방향 또는 타깃 반대 방향으로 움직였는지 분석한다. 다운스윙에서 머리와 등이 타깃 반대 방향으로 움직인다면, 척추의 기울기와 체중이동의 과정에 문제가 발생한다. 이러한 움직임은 완만한 스윙을 만드는 데 영향을 준다. 이때, 이러한 움직임이 백스윙 또는 어드레스에 대한 보상동작을 만드는 것인지 분석해야 한다.

③ 현재 구간에서 하체의 움직임을 어드레스에서 하체의 위치를 기준으로 분석한다.

왼쪽 골반과 왼쪽 무릎(무릎 오금)의 움직임을 분석을 한다. 상체와 허리가 타깃에 오픈되는 정도, 체중이동의 과정 그리고 스윙 궤도에 영향을 미친다. 이때, 양쪽 무릎의 움직임과 높이의 변화를 비교 분석한다(참고, 'Analysis Stage 9-2').

④ 오른쪽 팔꿈치의 위치를 분석한다.

팔꿈치의 위치는 몸이 타깃 방향에 오픈되는 정도 그리고 척추의 기울기와 연관이 있다. 이러한 움직임들은 클럽의 릴리즈에 많은 영향을 미친다. 팔꿈치와 상체 사이의 공간을 분석할 때, 오른쪽 팔꿈치와 왼팔의 높이를 비교 분석한다. 오른쪽 손의 위치와 클럽의 기울기에 많은 영향을 준다.

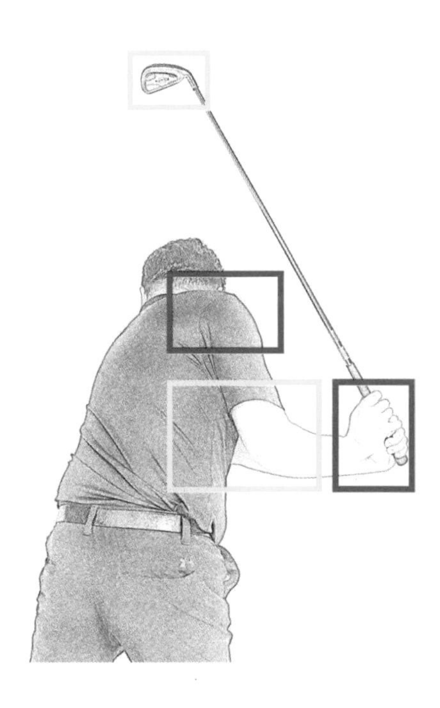

Analysis Stage 9-4 'From the target' 분석 포커스

① 무릎과 골반의 움직임을 분석한다.

무릎의 움직이는 방향과 높이의 변화는 척추 기울기의 변화에 영향을 주고 골반의 움직임에 많은 영향을 미친다. 이러한 움직임은 축의 움직임(Pivot)과 체중이동 과정에 큰 영향을 미친다. 또한 무릎과 골반의 움직임은 스윙의 타이밍을 만드는 데 매우 중요한 역할을 한다.

② 등과 배, 그리고 골반의 움직임을 분석한다.

타깃 방향을 향해서 어느 정도 오픈되는지 분석한다. 무릎의 움직임과 많은 연관이 있다. 등, 배, 그리고 골반의 오픈되는 정도는 손과 팔의 위치와 클럽의 움직임에 직접적으로 영향을 준다.

③ 머리와 얼굴의 움직임을 분석한다.

만약 머리의 움직임과 얼굴의 기울기의 변화가 심하면, 스윙의 일관성이 낮아질 것이다. 그리고 스윙을 하는 동안에 보상동작을 만들고 있을 가능성이 크다. 다운스윙뿐만 아니라, 임팩트 후까지 반드시 머리와 얼굴의 움직임을 분석해야 한다.

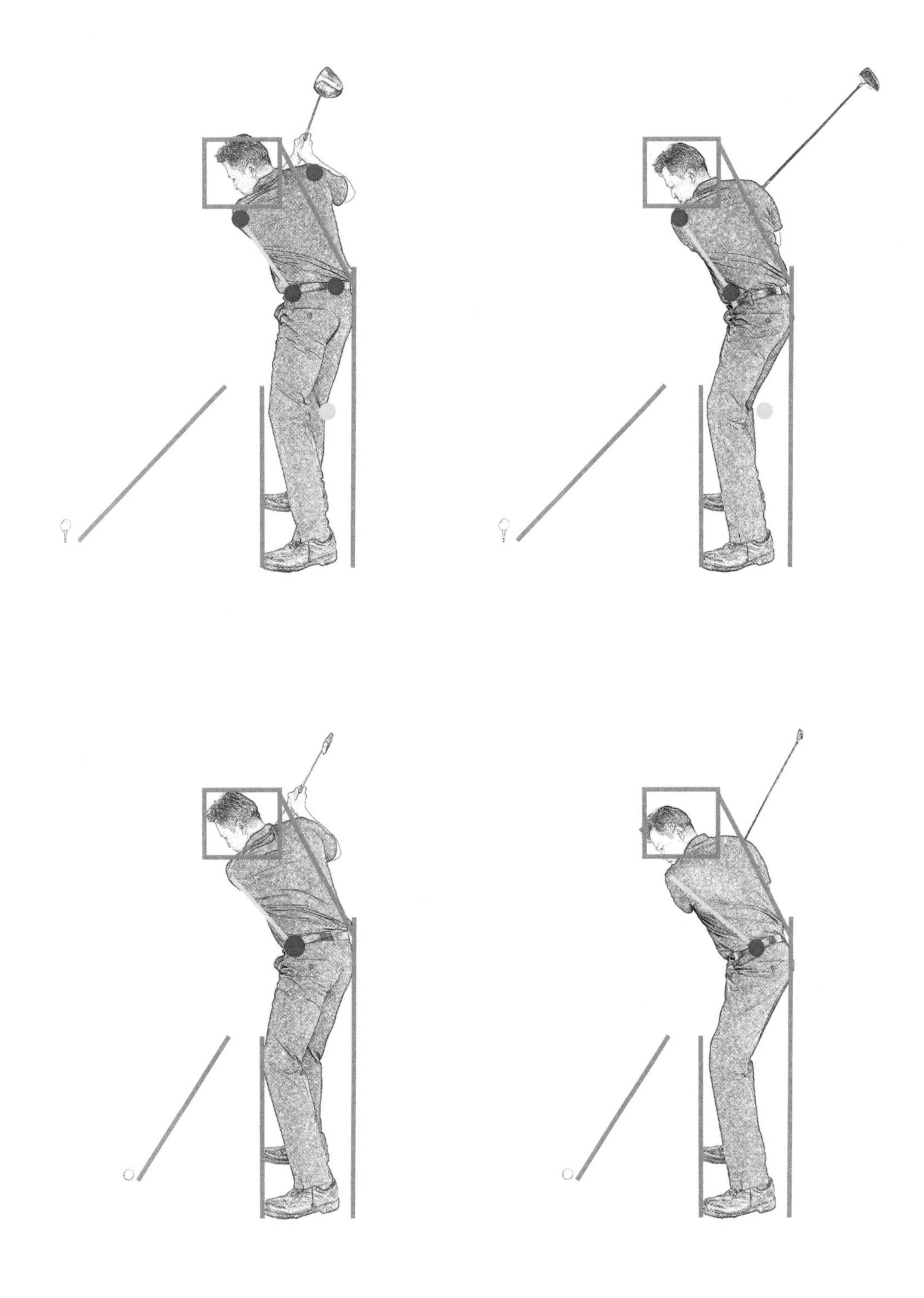

Analysis Stage 10

다운스윙: 클럽이 지면에 평행할 때까지

Until the club is parallel to the ground in the downswing

'Analysis Stage 10'은 클럽의 릴리즈(Release)가 시작되는 위치까지의 구간이다. 현재 구간에서 클럽은 가속이 되어서 속도가 매우 빨라진다. 분석을 할 때, 관성으로 인해서 또는 비디오를 촬영하는 장비에 따라서 클럽의 샤프트가 지면에 평행한 위치를 화면에서 완벽하게 캡처하지 못하는 경우도 있다. 이러한 경우에는 다운스윙에서 클럽이 지면에 평행한 위치에 최대한 근접한 클럽의 위치에서 분석하면 된다.

현재 구간에서 클럽의 릴리즈는 백스윙 그리고 다운스윙의 시작에 의해서 만들어지는 결과이다.
만약에 클럽의 릴리즈 되는 타이밍이나 위치를 변경하려면, 골퍼는 다운스윙을 하면서 보상동작 또는 추가적으로 움직임을 해야만 한다.
그러므로 이전 구간의 분석과 마찬가지로 왜 이러한 릴리즈가 만들어지는지 또는 릴리즈에서 문제의 근본적인 원인이 무엇인지에 대해서 분석해야 한다. 그리고나서 이러한 릴리즈가 다음 단계인 임팩트까지 구간에 미치는 영향에 대해서도 예측 진단을 해야 한다.

클럽의 릴리즈 위치를 일정하게 만들고자 한다면, 어드레스, 이전 구간에서 움직임들, 그리고 스윙의 리듬, 템포, 타이밍이 일관성 있게 만들어져야 가능하다.
클럽의 릴리즈가 시작되는 위치는 골퍼마다 다르다. 만약 골퍼의 클럽 릴리즈가 'Analysis Stage 9'에서 너무 일찍 만들어진다면, 현재의 'Analysis Stage 10'의 분석 방법이 아니라 'Analysis Stage 9'의 분석 방법에 따라서 진단한다.
그리고나서, 'Analysis Stage 10'의 분석 방법을 건너뛰고 'Analysis Stage 11'의 분석 방법에 따라서 진단을 하면 된다. 이러한 경우에는 이전의 분석 구간을 세밀하게 분석해서 왜 릴리즈가 너무 일찍 만들어졌는지 진단해야 한다. 또한, 임팩트에 어떠한 영향을 미치는지에 대해서 예측해야 한다.

Analysis Stage 10-1 'Down the line' 분석 포커스

① 머리의 움직임과 얼굴의 기울기를 분석한다.

머리는 신체에서 가장 무거운 부위 중 하나이고, 척추의 가장 윗부분에 위치해 있다. 머리의 움직임과 얼굴이 기울기는 척추의 기울기와 체중이동의 과정 그리고 스윙 궤도에 많은 영향을 미친다. 그리고 골반과 무릎의 기울기와 많은 연관이 있고, 클럽의 움직임과 클럽 헤드 페이스 방향의 변화에도 많은 영향을 준다.

머리의 움직임과 얼굴의 기울기는 이전 구간의 움직임에 대한 보상동작을 만드는 데 많은 영향을 미친다. 골퍼가 의도하지 않게 머리의 움직임이 만들어지거나 얼굴이 기울어지는 동작이 만들어진다면, 클럽의 움직임에 영향을 주어서 예상하지 못한 샷을 만들 수 있다.
만약에 골퍼의 얼굴이 모자에 가려져서 얼굴의 기울기의 확인이 어렵다면, 스윙을 하는 동안에 골퍼의 모자의 기울기의 변화를 어드레스에서의 모자의 기울기를 기준으로 분석한다.

머리나 상체가 백스윙 탑의 위치보다 더 앞으로('FO'방향) 움직이는 경우, 클럽의 기울기가 가파르게 만들어질 수 있다. 머리나 상체가 백스윙 탑의 위치보다 더 뒤로('RE'방향) 움직이는 경우, 클럽의 기울기가 완만하게 만들어지거나 클럽 헤드 페이스가 오픈될 수 있다.

얼굴의 오른쪽이 백스윙 탑에서보다 지면을 향해서 기울어지면, 척추의 기울기 역시 변경된다. 변경된 척추의 기울기는 손과 팔의 움직임에 영향을 줘서 클럽의 기울기가 완만하게 만들어지거나 클럽 헤드 페이스가 오픈될 수 있다. 또는 손과 팔의 보상동작이나, 발과 무릎을 포함한 하체의 보상동작으로 클럽의 움직임이 전혀 다르게 만들어질 수도 있다.

분석가는 이러한 움직임들이 이전 구간에서 잘못 만들어진 움직임에 대한 보상동작인지 또는 골퍼가 의도하지 않은 자연스럽게 만들어지는 동작인지 반드시 구분해야 한다.

② 타깃 방향을 기준으로 골반과 배의 움직임을 분석한다.

골반과 배의 움직임이 팔과 손의 위치와 움직임, 그리고 클럽의 기울기에 어떠한 영향을 미치는지 분석한다. 둔부 뒤의 밸런스 라인을 기준으로, 골반이 타깃 방향으로 움직이는 정도와 밸런스의 변화를 비교 분석한다.

골반과 배가 타깃 방향으로 오픈되는 정도는 스윙 궤도와 체중이동의 과정에 영향을 미친다. 골반, 둔부, 허벅지 뒷부분(햄스트링), 무릎(무릎 오금), 종아리 그리고 발의 움직임으로 하체의 오픈되는 정도를 분석을 할 수 있다.

③ 토우 라인을 기준으로 무릎의 움직임을 분석한다.

오른쪽 무릎의 높이의 변화가 많으면, 머리의 움직임과 척추의 움직임에 영향을 준다. 만약 오른쪽 무릎의 움직임이 많아서 토우 라인을 넘어가면, 하체가 타깃 방향으로 많이 오픈되거나 또는 척추의 기울기의 변화에 크게 영향을 미친다. 이러한 경우에는 체중이동의 과정이 원활하지 않다.

무릎의 움직임을 분석을 할 때, 골퍼의 오른쪽 발의 움직임과 비교 분석해야 한다. 클럽의 릴리즈 전부터 임팩트 이후까지, 발의 움직임은 매우 역동적이다. 이러한 발의 움직임은 지면을 강하게 눌러서 몸의 움직임과 스윙 역시 역동적으로 만드는 데 도움을 준다. 이때, 오른발의 움직이는 방향은 오른쪽 무릎의 움직임에 많은 영향을 미친다.

④ 전환 구간부터 현재 구간까지 손의 움직임을 분석한다.

이전 구간의 동작이 현재 구간의 손의 위치 그리고 클럽의 릴리즈 되는 타이밍에 어떻게 영향을 주는지 분석해야 한다. 양 손의 위치가 골퍼의 머리와 몸에서 멀어지는 정도에 따라서 클럽의 기울기, 클럽 헤드 페이스 변화 그리고 클럽의 릴리즈 타이밍에 영향을 준다. 이때 더블 플레인 라인을 사용하면 손의 움직임을 분석하는 데 도움이 된다.

⑤ 손의 위치와 클럽의 기울기를 비교 분석한다.

백스윙에서 클럽이 지면에 평행할 때, 손의 위치와 클럽의 기울기를 미리 표시한다(참고, 'Analysis Stage 5-1').

그리고 현재 구간에서 클럽이 지면에 평행할 때 손의 위치와 클럽의 기울기를 비교 분석하면, 백스윙과 다운스윙의 궤도의 차이를 정확하게 분석할 수 있다. 상체와 하체가 타깃 방향으로 오픈되는 정도에 따라서, 손과 팔의 움직임이 어떻게 만들어지는지 그리고 클럽의 기울기에 어떠한 영향을 미치는지에 대해서 분석을 해야 한다. 특히 역동적으로 움직이는 스윙의 구간에서는 손과 팔의 움직임과 클럽의 기울기는 몸의 움직임에 의해서 만들어진다.

⑥ 클럽 헤드 페이스를 분석한다.

백스윙에서 클럽이 지면에 평행할 때의 클럽 헤드 페이스 상태와 현재 구간에서 클럽 헤드 페이스와 비교 분석을 한다(참고, 'Analysis Stage 5-1'). 클럽 헤드 페이스는 임팩트와 샷의 방향에 큰 영향을 미친다.

손과 팔의 움직임과 위치는 몸의 움직임에 의해서 만들어지고, 클럽의 움직임은 손과 팔의 움직임에 의해서 만들어진다. 그리고 클럽 헤드 페이스의 오픈 또는 클로즈와 같은 상태는 클럽의 기울기와 손과 팔의 움직임에 의해서 만들어진다.

⑦ 현재의 클럽의 릴리즈 위치가 어떻게 만들어졌는지 분석한다.

어드레스 또는 이전 스윙 구간의 움직임들이 현재 구간에서 클럽의 움직임에 어떠한 영향을 미치는지 분석해야 한다. 또한, 이러한 클럽의 릴리즈를 골퍼가 의도를 해서 만들었는지 또는 의도를 하지 않았지만 오랜 습관이나 자연스러운 움직임에 의해서 만들어지는지 분석한다.

분석가는 현재 구간에서 클럽의 릴리즈 동작이 임팩트에 어떠한 영향을 미치는지에 대해서 예측진단을 한다면, 다음 단계의 분석 구간인 임팩트까지에 대한 분석에 도움이 된다.

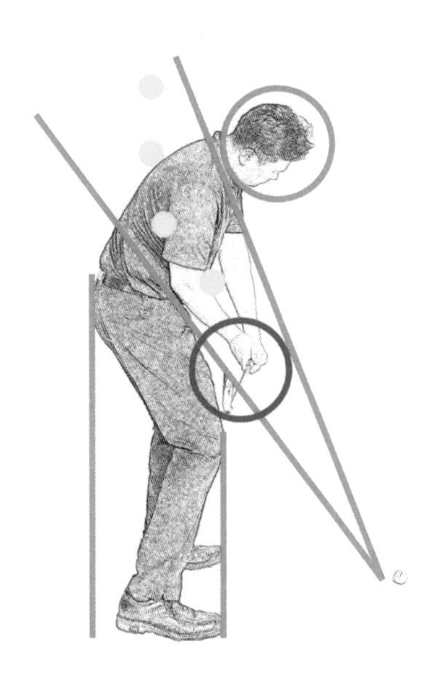

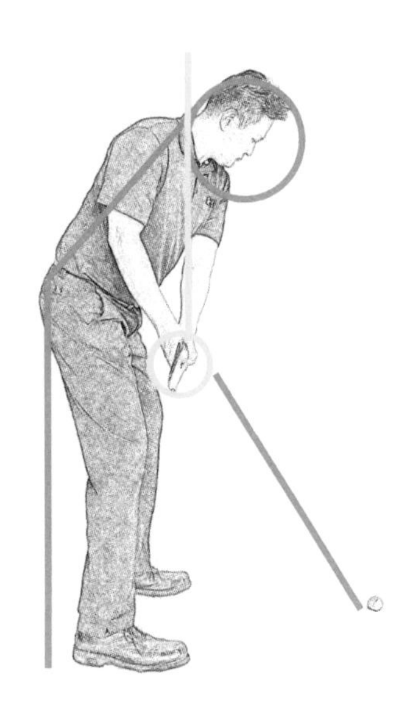

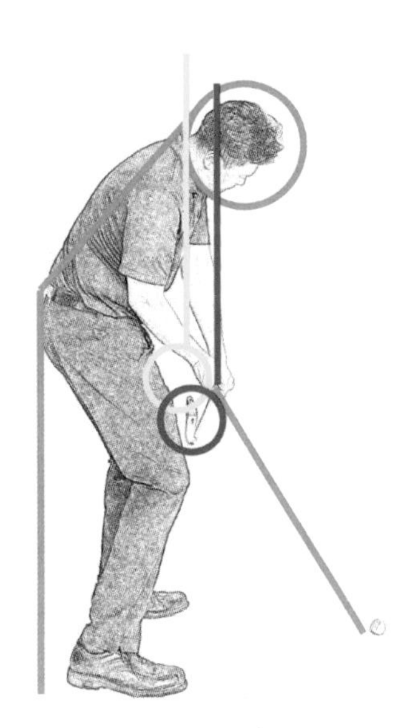

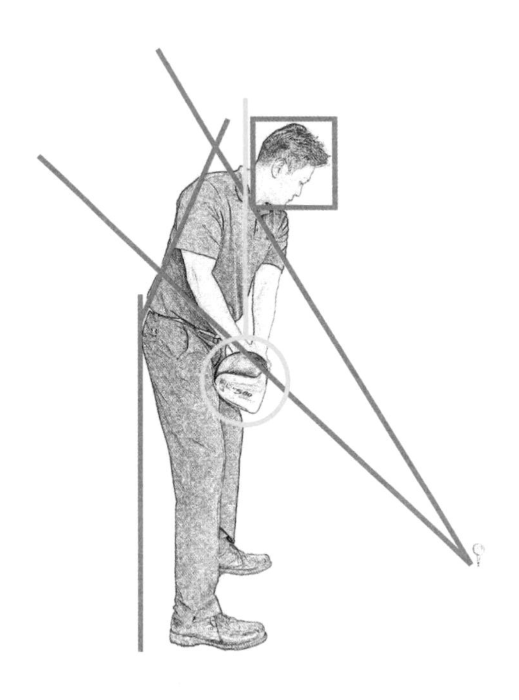

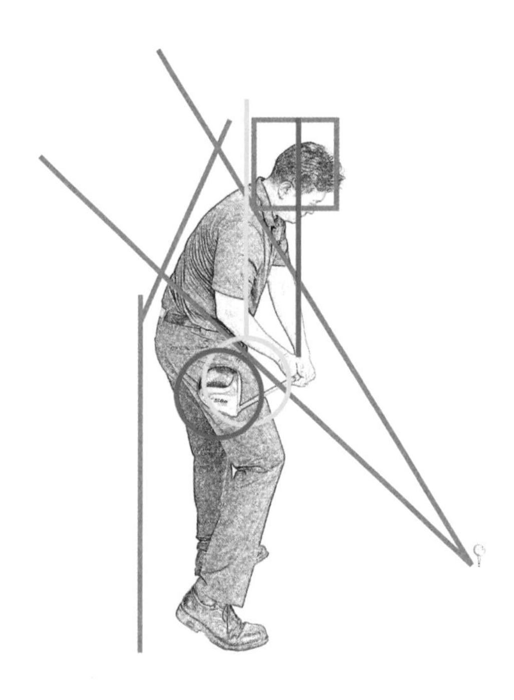

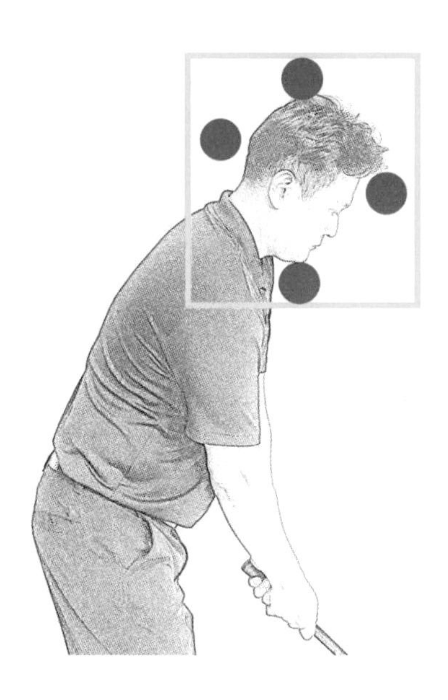
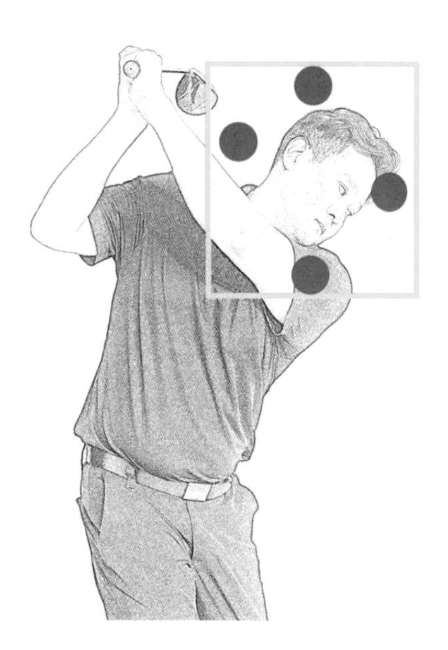
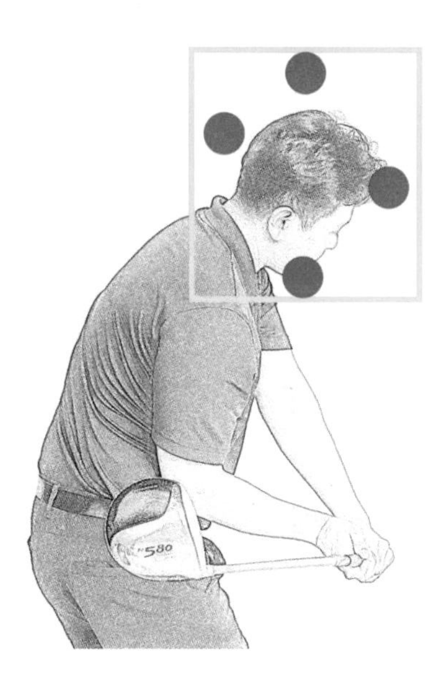

Analysis Stage 10-2 'Face on' 분석 포커스

① 머리의 움직임을 분석한다.

골퍼의 기술적인 원인 외에도, 머리의 움직임은 유연성, 체중이동의 과정, 오랜 습관, 보상동작 등과 많은 연관이 있다.

분석가는 현재 구간에서 머리의 움직임을 분석할 때 다음의 사항들을 확인해야 한다.

- 어드레스에서의 머리의 위치와 거의 같은 위치인지?
- 어드레스 또는 백스윙 탑에서 머리 위치를 기준으로, 타깃 방향으로 머리가 움직였는지?
- 어드레스 또는 백스윙 탑에서 머리 위치를 기준으로, 타깃의 반대 방향으로 움직였는지?

위의 사항뿐만 아니라 머리의 높이의 변화를 확인해서 움직임을 분석해야 한다.

머리가 움직이는 방향은 몸의 움직임, 체중이동의 과정, 그리고 클럽의 움직임에 많은 영향을 미친다. 또한, 이전 스윙 구간의 움직임에 대한 보상동작을 만들 때 영향을 준다.

머리의 움직임을 분석할 때, 어드레스의 머리의 위치 또는 백스윙 탑에서 머리 위치보다 현재 구간에서 머리가 타깃 방향으로 움직이면 스윙 궤도는 가파르게 만들어질 가능성이 높다. 어드레스의 머리의 위치 또는 백스윙 탑에서 머리 위치보다 현재 구간에서 머리가 타깃 반대 방향으로 움직이면 스윙 궤도가 완만하게 만들어질 가능성이 높다.

머리의 움직임뿐만 아니라 얼굴의 기울기에 따라서도 척추의 기울기, 축의 움직임, 그리고 지면을 누르는 발의 압력에 많은 영향을 미친다. 그리고 이러한 얼굴의 기울기는 클럽의 움직임과 클럽 헤드 페이스의 변화에도 많은 영향을 준다.

또한, 얼굴의 기울기 역시 이전의 스윙 구간의 움직임에 대한 보상동작을 만들 때 많은 영향을 준다. 만약 얼굴의 오른쪽 면이 지면을 향해서 기울어진다면, 클럽의 기울기는 백스윙보다 더 완만하게 만들어지거나 또는 클럽 헤드 페이스가 더 오픈될 수 있다. 만약 얼굴의 왼쪽 면이 지면을 향해서 기울어진다면, 클럽의 기울기는 백스윙보다 더 가파르게 만들어질 수 있다.

다운스윙을 할 때, 머리의 움직임이나 얼굴의 기울기가 백스윙과 반대되는 움직임이 있다면, 이전 스윙 구간의 움직임 또는 어드레스의 보상동작일 가능성이 높다. 분석가는 골퍼가 이러한 동작을 의도를 했는지 여부를 확인을 해야 한다.

동작 분석을 할 때, 분석가는 많은 골퍼들이 이러한 머리의 움직임과 얼굴의 기울기를 만들면서 스윙을 하고 있으며, 임팩트 이후까지도 이러한 움직임이 만들어지는 것을 확인할 수 있다. 하지만 골퍼가 의도하지 않았음에도 불구하고, 이러한 머리의 움직임이 만들어지거나 얼굴이 기울어지는 동작이 만들어진다면 전혀 예상하지 못한 샷이 만들어질 것이다.

② 배와 골반 그리고 무릎의 움직임을 분석한다.

배, 골반, 그리고 무릎의 움직임을 어드레스에서 배, 골반 그리고 무릎의 위치와 비교 분석한다. 무릎의 움직임은 배와 골반이 오픈되는 정도에 많은 연관이 있다.

배와 골반이 타깃 방향으로 오픈되는 정도 그리고 무릎이 움직이는 방향에 따라서 척추의 기울기와 체중이동의 과정을 분석할 수 있다. 배, 왼쪽 골반, 그리고 무릎의 움직임이 어드레스에서의 위치보다 타깃 반대 방향으로 움직인다면, 척추의 기울기 역시 타깃의 반대방향으로 기울어지고, 체중이동의 과정이 제대로 진행되지 않으며, 그리고 보상동작이 만들어질 가능성이 크다(참고, 'Analysis Stage 10-1').

골반과 무릎의 움직임을 비교 분석한다. 무릎의 움직임은 타깃 방향으로 골반이 오픈되는 정도에 영향을 주고 스윙 궤도의 변화를 만드는 데 영향을 미친다.

만약 왼쪽 무릎의 높이가 어드레스 또는 백스윙 탑에서 위치보다 낮아진다면, 머리나 척추의 움직임이 타깃 방향으로 기울어지게 된다. 그리고 이러한 움직임은 가파른 스윙 궤도의 원인이 된다. 혹은 오른쪽 무릎의 높이가 어드레스 또는 백스윙 탑에서 위치보다 낮아진다면, 머리나 척추의 움직임이 타깃 반대로 기울어지게 된다. 그리고 이러한 움직임은 완만한 스윙 궤도의 원인이 된다.

다운스윙에서 무릎의 움직임은 하체 전체의 움직임을 컨트롤한다. 무릎의 움직임을 분석할 때, 각 무릎의 움직이는 방향, 양쪽 무릎 사이의 간격, 그리고 각 무릎의 높이의 변화를 분리해서 분석해야 한다.

만약 오른쪽 무릎의 위치가 왼쪽 무릎의 높이보다 많이 낮은 경우 또는 어드레스에서 오른쪽 무릎의 위치보다 많이 낮은 움직임이 만들어지는 경우가 있다. 이러한 움직임들은 원활한 스윙과 체중이동을 방해한다(참고, 'Analysis Stage 10-1').

또한 역동적인 몸의 움의 움직임, 클럽의 기울기, 클럽 헤드 페이스 변화, 그리고 보상동작에 큰 영향을 미친다.

만약에 과도한 하체의 움직임에 의해서 양쪽 무릎의 간격이 매우 좁은 경우에는, 머리의 위치와 척추의 기울기에 영향을 미친다. 그리고 이러한 움직임은 스윙의 일관성이 낮아지는 원인이 된다.

만약에 양쪽 무릎의 간격이 어드레스보다 과도하게 넓은 경우에는, 상체와 하체의 조화가 제대로 만들어지지 않거나, 손과 팔만으로 스윙을 만들거나, 체중의 이동이 제대로 만들어지지 않거나, 또는 충분한 스윙의 스피드와 역동적인 몸의 움직임을 만들지 못하게 되는 원인이 된다.

③ 발의 움직임을 분석한다.

발의 움직임은 특히 다운스윙 시작부터 임팩트 후까지 매우 역동적으로 움직인다. 양쪽 발의 토우와 힐의 움직이는 방향을 각각 분석해야 한다. 발의 힐과 토우의 움직이는 방향에 따라서, 상체와 하체의 조화, 척추의 기울기, 골반과 상체가 오픈되는 정도, 스윙의 궤도, 스윙 스피드, 그리고 오른쪽 무릎의 높이가 다르게 만들어진다.

④ 팔과 팔꿈치의 움직임을 분석한다.

현재 구간에서 양쪽 팔꿈치의 간격을 'Analysis Stage 5-2'에서 팔꿈치의 간격과 비교 분석을 한다. 팔꿈치의 간격이 너무 넓거나 또는 좁으면, 팔이 경직되거나, 클럽의 릴리즈 타이밍에 영향을 미친다.

현재 구간에서 양쪽 팔이 구부러지거나 또는 펴진 정도를 'Analysis Stage 5-2'에서 양쪽 팔의 상태와 비교 분석을 한다. 팔이 너무 펴지거나 또는 구부러지면, 클럽의 움직임과 스윙 스피드에 영향을 미친다.

⑤ 손과 클럽의 움직임을 분석한다.

현재 구간에서 클럽이 지면에 평행할 때, 'Analysis Stage 5-2'에서 클럽이 지면에 평행할 때의 위치와 비교 분석한다. 클럽이 릴리즈 되는 타이밍은 이전 스윙 구간의 동작에 의해서 만들어진다.
분석가의 필요에 따라서 양쪽 손의 움직임, 왼쪽 손등의 각, 클럽 헤드 페이스의 가리키는 방향을 'Analysis Stage 5-2'와 비교 분석을 한다. 백스윙과 다운스윙의 차이를 명확하게 분석이 가능하다. 또한 이러한 백스윙과 다운스윙의 움직임의 차이에 의해서 이후의 스윙 구간에 어떠한 영향을 미치는지 예측해서 진단할 수 있다.

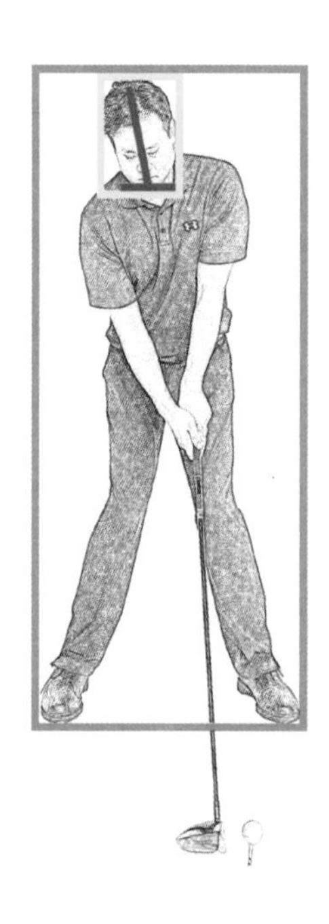

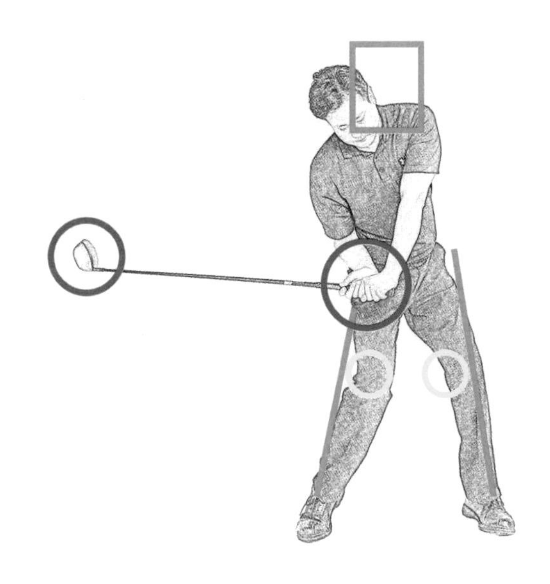

Analysis Stage 10-3 'Rear' 분석 포커스

보상동작을 만들 때 척추의 기울기와 골반, 둔부 그리고 무릎(무릎 오금)의 움직임을 'Rear'에서 정확하게 분석할 수 있다.

① 머리의 움직임을 분석한다.

현재 구간에서 머리의 높이 변화와 머리의 좌, 우 방향으로 움직임을, 어드레스에서 머리의 위치를 기준으로 비교 분석을 한다. 머리의 좌, 우 방향으로 움직임이 큰 경우, 척추의 기울기 그리고 클럽이 릴리즈 되는 위치에 영향을 준다. 머리의 높이의 변화가 큰 경우, 원활한 체중이동 그리고 빠른 스윙 스피드를 방해한다.

② 하체의 움직임을 분석한다.

현재 구간에서 골반의 움직임과 왼쪽 다리의 기울기를 어드레스에서 골반과 다리의 위치와 비교 분석한다. 이러한 움직임은 상체가 오픈되는 정도, 체중의 이동의 과정, 그리고 척추의 기울기와 큰 연관이 있다.
만약 왼쪽 골반의 위치가 왼쪽 무릎(무릎 오금)의 위치보다 더 타깃 방향으로 기울어져 있다면, 이러한 움직임은 척추의 기울기에 영향을 줘서 다운스윙이 가파르게 만들어지거나 또는 보상동작을 만들게 되는 원인이 된다.

오른쪽 무릎(무릎 오금)의 위치는 척추의 기울기, 골반의 움직임, 그리고 체중이동의 과정에 많은 영향을 미친다. 만약 오른쪽 무릎의 높이가 어드레스에서 무릎의 위치보다 많이 낮으면, 척추의 기울기에 영향을 줘서 다운스윙이 완만하게 만들어진다. 이러한 움직임은 보상동작을 만들 때 확인되는 동작이다.

오른쪽 발의 힐의 움직이는 방향에 따라서 골반과 둔부의 움직이는 정도, 무릎의 구부러지는 방향, 지면을 누르는 발의 압력, 그리고 체중이동의 과정에 영향을 준다.

왼쪽 발의 토우와 힐의 움직이는 정도와 방향을 분석한다. 골퍼가 역동적인 스윙을 할 때, 발의 움직임 역시 격렬하게 움직인다. 하지만 왼쪽 발의 움직임이 과도하게 많으면, 스윙의 일관성이 낮아질 수도 있다. 이때, 발의 움직임과 양쪽 무릎(무릎 오금)의 움직임 그리고 무릎 사이의 간격을 비교 분석해야 한다. 발의 움직임과 무릎의 움직임은 밀접한 관련이 있다.

③ 오른쪽 팔의 움직임을 분석한다.

오른쪽 팔의 위치는 배와 골반이 타깃 방향으로 오픈되는 정도, 척추의 기울기, 그리고 하체의 움직임에 따라서 달라진다. 만약 오른쪽 팔이 상체에 밀착되면, 스윙 스피드가 느려지거나 또는 이러한 팔의 움직임은 보상동작을 유발하는 원인이 된다.

만약 오른쪽 팔이 너무 펴져 있으면, 클럽의 릴리즈가 일찍 만들어지게 된다. 이러한 팔의 움직임은 스윙의 일관성을 낮아지게 하는 데 영향을 준다. 현재 구간에서 오른팔의 위치는 클럽의 릴리즈 타이밍에 많은 영향을 미친다.

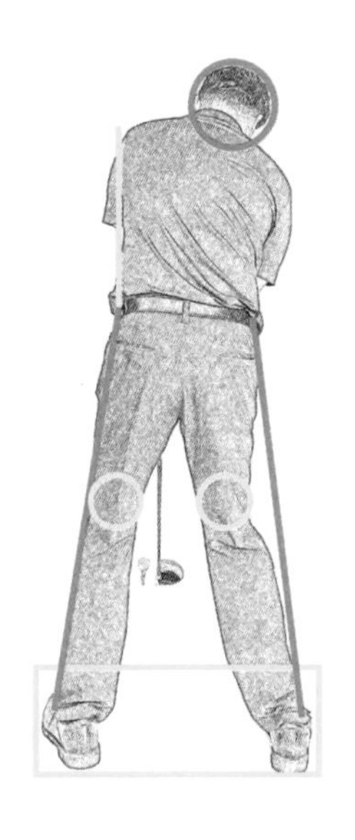
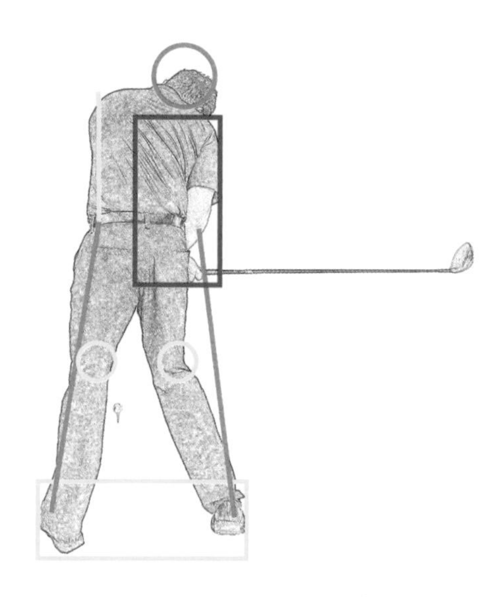

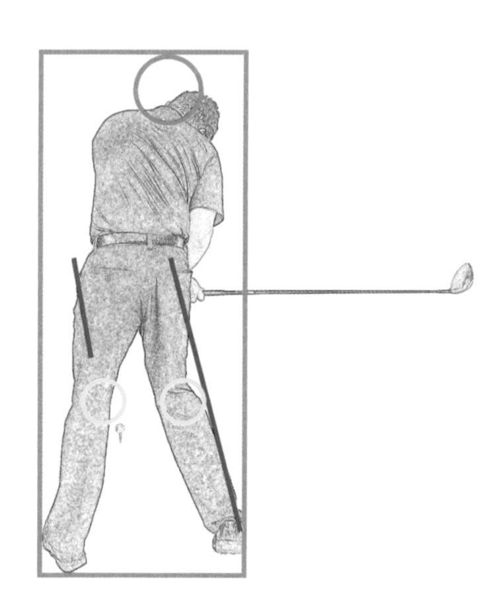

Analysis Stage 10-4 'From the target' 분석 포커스

'From the target'에서 현재 구간의 클럽의 움직임을 확인하기는 어렵다. 하지만, 만약에 이전 스윙 구간의 움직임에 대해서 보상동작을 만든다면, 몸의 움직임이 어떻게 변하는지 분석을 하는 것은 가능하다.

클럽의 움직임은 'FT' 외에 세 곳의 분석방향에서 클럽의 움직임과 비교 분석해야 한다.

① 머리와 얼굴의 움직임을 분석한다.

머리의 움직임과 얼굴의 기울기를 어드레스 또는 백스윙 탑에서 머리의 위치와 비교 분석을 한다. 머리의 움직임과 얼굴의 기울기는 척추의 기울기에 영향을 주고 보상동작이 만들어지는 경우에는 움직임의 변화가 크다.

② 무릎과 배, 그리고 골반의 움직임을 분석한다.

어드레스에서 만들어진 토우 라인을 기준으로 무릎의 움직임을 분석한다. 무릎의 구부러진 정도에 따라서 체중이동의 과정과 상체와 하체의 조화를 분석할 수 있다.

어드레스에서 만들어진 밸런스 라인을 기준으로 골반의 움직임을 분석한다. 타깃 방향으로 배의 오픈되는 움직임의 정도를 분석한다. 척추의 기울기의 변화와 밸런스의 변화를 분석할 수 있다.

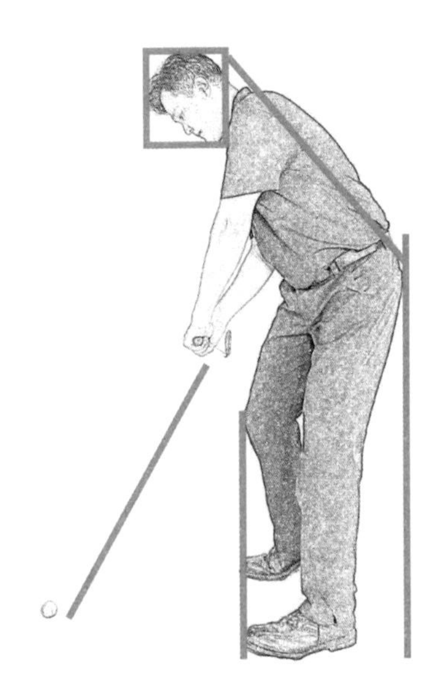

Analysis Stage 11

임팩트까지

Until the impact

분석가는 임팩트까지, 동작 분석의 결과를 실제 샷의 결과와 반드시 비교 분석해야 한다. 분석가가 매우 정확한 분석을 수행했다 하더라도, 실제 만들어지는 샷의 결과와 동작 분석의 결과가 서로 다른 경우가 있다. 왜냐하면, 골퍼가 임팩트와 동시에 보상동작을 만드는 경우가 있기 때문이다.

임팩트와 동시에 만들어지는 보상동작은 현재 구간인 임팩트까지 구간에서는 확인이 안되는 경우가 있다. 이러한 경우에는, 임팩트 이후 구간에서 보상동작이 어떻게 만들어졌는지 정확한 분석이 가능하다.

실제로 임팩트까지 구간뿐만 아니라, 모든 분석 구간에서도 마찬가지이다. 골프 동작 분석을 하는 동안에 실제 만들어지는 샷의 결과와 예측진단한 샷의 결과가 다르다면, 분석가는 현재 분석 구간 이후에 골퍼가 보상동작을 만드는지 확인할 수 있다.

골프 동작 분석은 '프리샷 루틴'부터 '피니쉬'까지 골퍼가 만드는 모든 움직임을 분석하는 과정을 통해서 문제의 근본적인 원인에 대해서 진단을 하는 것이다. 분석가는 분석을 하기 전에 이미 골퍼의 샷의 결과에 대해서 알고 있다(참고, Ⅲ. 골프 스윙 동작 분석 이론: 분석을 하기 전에 미리 확인해야 할 내용).

임팩트까지 동작 분석의 결과가 실제 샷의 결과와 다르더라도, 정확한 분석을 통해서 임팩트와 동시에 만들어지는 보상동작에 의해서 실제로 샷의 결과가 만들어지는가에 대해서 완벽하게 밝혀 낼 수 있다.

그러므로 분석가는 동작 분석을 할 때, 예측진단한 샷의 결과가 실제로 골퍼에 의해서 만들어지는 샷의 결과와 설령 다르더라도, 피니쉬까지 최대한 객관적으로 소신을 가지고 분석을 해야 한다. 이러한 분석가의 태도는 스윙 동작 분석뿐만 아니라 모든 골프 동작 분석을 할 때에도 적용된다.

골프스윙 동작 분석을 하는 동안에 분석가는 다음의 사항을 따라야 한다.

- '프리 샷 루틴'부터 '백스윙: 탑까지'의 구간까지 동작 분석에 의해서 예측된 샷의 결과.
- '전환 구간'부터 '다운스윙: 클럽이 지면에 평행할 때까지'의 구간까지 동작 분석에 의해서 예측된 샷의 결과.
- '임팩트까지' 구간에서 동작 분석에 의해서 예측된 샷의 결과.

위의 분석 결과가 실제 샷의 결과와 다르더라도, 이후의 분석 구간으로 이동해서 분석을 수행해야 한다.

현재의 분석 구간 이후에 다음 분석 구간인 'Analysis Stage 12. 팔로우 스로우: 클럽이 지면에 평행할 때까지'의 동작 분석에 의해서 실제로 왜 이러한 샷의 결과가 만들어지는가에 대한 원인을 정확하게 진단할 수 있다. 바로 임팩트와 동시에 만들어지는 보상동작을 가장 많이 확인할 수 있는 구간이다.

* 실제 샷의 결과와 일치하지 않더라도 샷의 구질을 예측하고 진단하는 것은 필요하다. 왜냐하면, 보상동작의 원인을 파악하는 데 도움이 되고 또한 보상동작이 만들어지는 횟수를 계산하는 데 도움이 되기 때문이다. 보상동작의 횟수를 계산하는 이유는 분석 이후에 문제의 원인을 제거하거나 교정을 하려고 할 때, 우선 순위를 정하는 데 매우 중요한 자료로 사용된다.

많은 프로골퍼들도 자신이 원하는 샷을 만들기 위해서 보상동작을 만드는 것을 확인할 수 있다. 하지만, 그럼에도 불구하고 좋은 성적을 내는 프로골퍼들은 이러한 보상동작을 만드는 타이밍, 횟수, 그리고 움직임의 정도가 항상 일정하기 때문이다.

뛰어난 성적을 내는 프로골퍼들 중에서 자신의 단점을 교정하기보다는, 명확하게 골퍼 스스로 의도해서 일정한 보상동작을 만드는 연습을 꾸준하게 하는 프로골퍼들도 꽤 있다.

Analysis Stage 11-1 'Down the line' 분석 포커스

① 머리와 상체의 움직임을 분석한다.

현재 구간의 머리의 움직임과 상체의 기울기를 어드레스에서 머리와 상체의 위치와 비교 분석을 한다. 이때, 골반과 팔의 움직임을 함께 분석해야 한다. 머리의 위치, 등의 기울기와 골반의 움직임은 팔의 위치, 손의 위치 그리고 체중이동의 과정에 영향을 준다. 그리고 팔의 위치, 손의 위치는 스윙 궤도, 클럽 헤드 페이스의 상태에 많은 영향을 미친다.

머리와 상체가 더 앞으로('FO'방향)으로 움직이는지, 또는 더 뒤로('RE'방향) 움직이는지 어드레스에서 머리와 상체의 위치를 기준으로 비교 분석을 한다. 만약 머리나 상체가 어드레스의 위치보다 더 앞으로('FO'방향) 움직이는 경우, 아웃 투 인(out-to-in)의 스윙 궤도가 만들어질 수 있다.
머리나 상체가 어드레스의 위치보다 더 뒤로('RE'방향) 움직이는 경우, 인 투 아웃(in-to-out)의 스윙 궤도가 만들어지거나 클럽 헤드 페이스가 오픈될 수 있다. 만약 머리의 움직임이 뒤로 움직인다면, 오른쪽 팔꿈치가 상체에 막혀서 손과 하체의 보상동작이 만들어질 가능성이 크다.

얼굴의 오른쪽 면이 어드레스에서 얼굴의 기울기보다 지면을 향하면 척추의 기울기가 변하게 된다. 그리고 척추의 기울기는 손과 팔의 움직임에 영향을 줘서 클럽의 기울기가 완만하게 되거나 클럽 헤드 페이스가 오픈될 수 있다. 이때, 오른쪽 팔꿈치가 상체에 막히거나 또는 오른쪽 팔의 위치가 왼팔보다 많이 낮아져서 무릎, 발 그리고 손으로 보상동작이 만들어질 가능성이 크다.

어드레스에서 머리의 위치와 얼굴의 기울기를 기준으로, 현재 구간에서 머리의 위치와 얼굴의 기울기의 변화가 크다면, 과도한 역동적인 스윙을 하거나, 이전의 스윙 구간에 대한 보상동작이 만들어지거나, 또는 보상동작의 횟수가 많은 것이다.

* 드문 경우이지만 백스윙 구간뿐만 아니라 다운스윙 구간에서도 눈의 움직임에 의해서 머리의

움직임이나 얼굴의 기울기가 변화되는 경우도 있다. 이러한 경우에 분석가는 골퍼의 주시를 확인을 하고, 주시를 사용해서 공에 집중하도록 해야 한다. 또는 스윙을 하는 동안에 주시를 사용하는데도 공을 향해서 집중을 하지 못한다면, 분석가는 그 원인에 대해서 정확한 진단을 해야 한다. 이 경우에는 의학 전문가의 도움이 필요할 수도 있다. 예를 들면, 골퍼가 클럽을 강하게 휘두르기 위해서 매우 역동적인 몸의 움직임과 함께 시선이 공이 아닌 타깃 방향을 향하는 경우가 있다.

반면에, 골퍼의 의도와 관계없이 시선을 공에 제대로 두지 못하는 경우도 있다. 눈의 움직임에 의해서 과도한 머리의 움직임과 얼굴의 기울기의 변화가 발생하면, 골퍼는 주변시를 사용해서 공을 바라볼 수밖에 없다. 스윙을 할 때 주변시로 공을 응시하고 주시로 공에 집중하지 못한다면, 골퍼에 따라서 다양한 문제가 발생할 수 있다.

② 하체의 움직임을 분석한다.

무릎과 골반의 움직임을 어드레스에서 무릎과 골반의 위치와 비교 분석한다. 골반이 타깃 방향으로 오픈되는 정도는 무릎이 구부러지거나 펴지는 정도에 따라서 달라진다. 또한 이러한 무릎과 골반의 움직임은 팔의 위치와 체중이동의 과정에 영향을 준다. 발의 토우와 힐의 위치의 변화를 함께 비교 분석한다면, 무릎과 골반의 움직임에 대한 정확한 분석이 가능하다.

오른쪽 무릎의 높이가 백스윙 탑이나 어드레스에서 위치보다 더 낮아진다면, 머리 움직임이 타깃 반대 방향으로 기울어지거나 백스윙 탑에서 머리 위치보다 뒤로('RE'방향) 움직이게 된다.

이때, 오른쪽 팔이 상체에 막히거나, 또는 오른쪽 팔의 위치가 왼팔보다 많이 낮아져서 손과 팔로 보상동작이 만들어진다. 이러한 움직임이 만들어질 때 골반은 타깃 방향으로 많이 오픈되게 만들고 그리고 스윙 궤도가 완만하게 만들어질 것이다. 또한, 얼굴의 기울기의 변화를 분석해야 하고, 토우 라인을 기준으로 무릎의 구부러진 정도를 분석해야 한다.

발의 토우와 힐의 위치의 변화를 분석한다. 클럽의 릴리즈 이전부터 임팩트 이후까지 발의 움직임은 매우 격렬해진다. 발의 토우와 힐의 움직이는 방향에 따라서, 발이 지면을 강하게 누르면서 몸의 움직임과 스윙을 역동적으로 만드는 데 도움을 줄 수 있다. 또는 과도한 몸의 움직임이 만들어지거나 밸런스를 잃어버려서 일관성 없는 몸의 움직임과 스윙을 만드는 데 영향을 줄 수 있다.

③ 팔과 손의 움직임을 분석한다.

임팩트 포지션에서 양쪽 팔과 양쪽 손의 위치는 몸의 움직임에 의해서 만들어진다. 양쪽 팔의 높이의 변화를 어드레스에서 양쪽 팔의 높이와 비교 분석을 한다. 만약, 양쪽 팔의 높이의 차이가 크면 손으로 보상동작을 만들 가능성이 높다.

양쪽 팔과 양쪽 손 그리고 골퍼의 몸 사이에 공간을 어드레스에서 상태를 기준으로 비교 분석한다. 팔과 손 그리고 골퍼 사이에 공간이 매우 좁거나 또는 매우 넓으면, 스윙의 일관성이 낮아지고 샷의 결과 역시 좋지 않을 것이다.

Analysis Stage 11-2 'Face on' 분석 포커스

'DL'과 마찬가지로 머리와 얼굴의 위치 또는 기울기의 변화를 어드레스에서 머리와 얼굴을 기준으로 분석을 해야 한다. 만약에 변화가 크다면, 과도한 역동적인 스윙을 하거나, 이전 구간의 문제에 대한 보상동작의 정도가 크거나, 또는 보상동작의 횟수가 많은 것이다.

① 머리와 상체, 그리고 골반의 움직임을 비교 분석한다.

어드레스에서 위치를 기준으로, 타깃 방향으로 머리가 움직였는지 또는 타깃 반대 방향으로 움직였는지에 대해서 분석을 한다. 그리고 배와 골반이 타깃 방향으로 오픈된 정도를 분석을 한다. 이러한 움직임들은 역동적인 몸의 움직임과 그리고 스윙의 스피드를 보여 준다. 이때, 무릎의 움직임이 머리와 배의 움직임과 조화로운지 분석을 한다.

만약에 머리 또는 상체가 어드레스의 위치보다 타깃 방향으로 더 움직인다면, 또는 얼굴의 왼쪽 면이 어드레스에서 상태보다 지면을 향하는 경우에는, 클럽 헤드 페이스의 로프트 각이 감소되거나 가파른 다운스윙이 만들어져서 낮은 탄도의 샷이나 매우 강한 임팩트가 만들어질 수 있다. 이러한 경우에는, 오히려 임팩트 이후에는 스윙 스피드가 줄어들 수도 있다.

머리, 상체, 또는 골반이 어드레스의 위치보다 타깃 반대 방향으로 더 움직인다면, 또는 얼굴의 오른쪽 면이 어드레스에서 상태보다 지면을 향하는 경우에는, 클럽 헤드 페이스가 오픈되거나 또는 클럽 헤드 페이스의 로프트 각은 추가된다. 그래서 높은 탄도의 샷, 푸쉬 샷, 또는 푸쉬 슬라이스 샷이 만들어질 수 있다. 이러한 경우에는, 머리와 오른쪽 무릎의 위치가 어드레스에서 위치보다 낮아지고 임팩트 이후에 체중이동의 과정이 원활하게 만들어지지 않을 가능성이 크다.

머리, 상체, 골반의 움직임은 척추의 기울기의 변화를 보여 준다. 이때, 무릎의 높이와 체중의 배분 그리고 발의 움직임과 어떻게 연관되어 있는지 분석을 해야 한다.

② 하체의 움직임을 분석한다.

다리의 기울기와 무릎의 위치를 비교 분석한다. 왼쪽 다리의 기울기와 오른쪽 무릎의 위치는 배와 골반이 타깃 방향을 향해서 오픈되는 정도에 영향을 준다. 또한 척추의 기울기 변화와 체중이동의 과정에 영향을 준다.

만약에 왼쪽다리가 어드레스에서 위치보다 더 타깃 반대 방향으로 움직이거나, 또는 오른쪽 무릎이 어드레스에서 위치보다 더 구부러져서 낮게 움직인다면, 척추의 기울기가 골퍼의 우측으로 기울어질 것이다. 그리고 체중이동의 과정이 제대로 진행되지 않을 것이다. 이러한 하체의 움직임은 이전 구간에서 잘못 만들어진 움직임에 대한 보상동작일 가능성이 크다. 또는 이러한 하체의 움직임에 대한 보상동작이 임팩트 이후에 만들어질 가능성이 크다.

양쪽 발의 토우와 힐의 움직임을 비교 분석을 한다. 토우와 힐의 움직이는 방향에 따라서 골반과 배가 타깃 방향으로 오픈되는 정도, 체중이동의 과정에 영향을 준다.

오른쪽 발의 힐과 왼쪽 발이 어드레스에서 위치보다 타깃 반대 방향으로 과하게 움직인다면, 체중이동의 과정이 제대로 만들어지지 않거나, 또는 역동적인 몸의 움직임을 만드는 데 많은 영향을 줄 것이다.

왼쪽 발의 토우가 어드레스에서 위치보다 타깃 방향으로 과도하게 오픈된다면, 임팩트의 정확도가 낮아지고 밸런스에 좋지 않은 영향을 준다. 임팩트 구간 전부터 후까지 발과 무릎의 움직임은 역동적인 움직임과 샷의 일관성을 만드는 데 매우 중요한 역할을 한다. 역동적인 스윙을 하더라도 골퍼가 밸런스를 유지하는 것이 중요하다.

③ 손과 클럽의 움직임을 분석한다.

임팩트에서 손과 클럽의 속도는 매우 빠르다. 골퍼가 의도적으로 임팩트를 만들거나 또는 의도적으로 스윙을 컨트롤 하는 것이 아니라면, 대부분 손과 클럽의 움직임과 위치는 몸의 움직임에 의해서 결정된다.

양쪽 손의 위치와 왼쪽 손등의 방향을 어드레스에서 상태와 비교 분석한다. 클럽의 기울기 그리고 클럽 헤드 페이스의 상태를 어드레스에서 상태와 비교 분석을 한다. 클럽 헤드의 토우의 위치를 어드레스에서 상태와 비교 분석한다. 이러한 분석의 과정은 샷의 결과에 직접적으로 연관이 있다. 손과 클럽의 움직임에 문제가 있다면, 몸의 움직임을 분석해서 원인을 찾아야 한다.

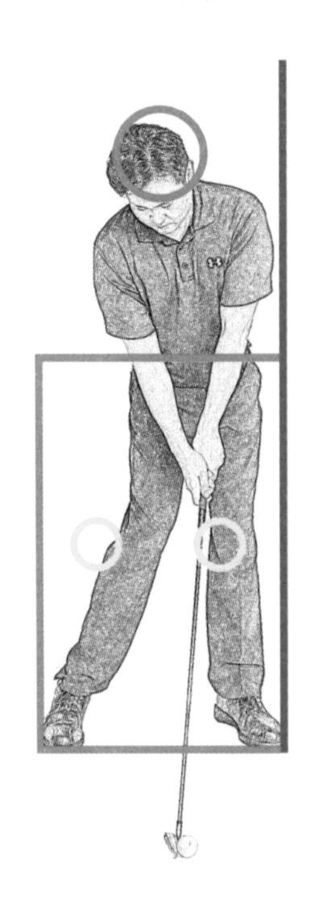
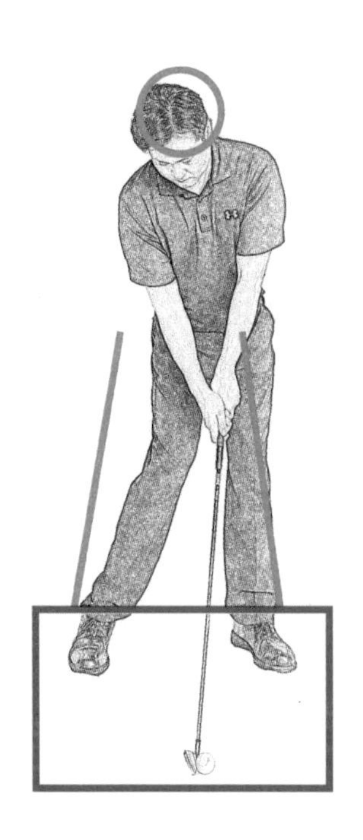

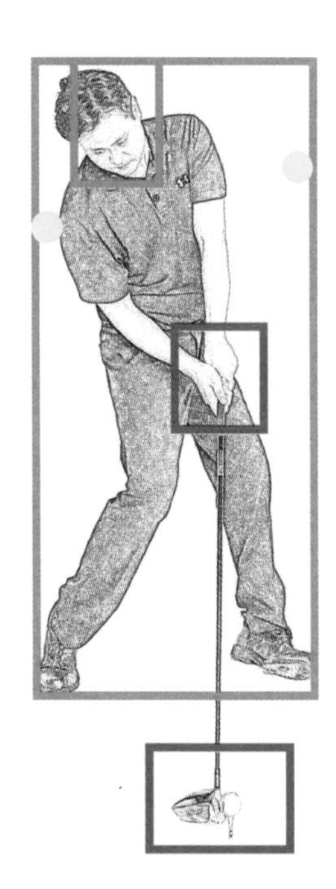

Analysis Stage 11-3 'Rear' 분석 포커스

① 머리의 움직임을 분석한다.

머리의 위치를 어드레스에서 머리의 위치와 비교 분석한다. 역동적인 스윙을 하게 되면, 몸의 움직임이 많아지고 머리 위치와 기울기 또한 어드레스와 달라진다. 하지만, 머리의 위치가 어드레스에서 머리의 위치와 차이가 크다면, 스윙과 샷의 일관성이 낮아진다. 또한, 어드레스 또는 이전 구간의 잘못된 움직임에 대한 보상동작일 가능성이 높다.

역동적인 스윙에 의해서 만들어지는 머리의 움직임과 방향은 이전 구간에 대한 보상동작을 만들 때의 머리의 움직임과 방향과는 서로 다르다. 이때, 'DL'과 'FO'와 비교 분석을 하면 머리의 움직임의 원인을 분석하는 데 도움이 된다.

② 골반의 움직임과 왼쪽 다리의 기울기를 비교 분석한다.

현재 구간에서 골반과 다리의 위치를 어드레스에서 골반과 다리의 위치와 비교 분석을 한다. 왼쪽 다리의 기울기는 골반이 타깃 방향을 향해서 오픈되는 정도와 등의 기울기에 영향을 준다. 그리고 골반과 다리의 위치는 스윙 궤도와 체중이동의 과정에 영향을 준다.

③ 양쪽 무릎과 발의 움직임을 비교 분석한다.

무릎의 오금과 발의 토우와 힐의 움직이는 방향은 역동적인 스윙을 만드는 데 매우 중요하다.

빠른 스윙 스피드 그리고 역동적인 몸의 움직임을 만들 때의 발과 무릎(무릎 오금)의 움직임은 이전 구간에 대한 보상동작을 만들 때의 발과 무릎(무릎 오금)의 움직임과는 움직임의 방향이 서로 다르다. 이때, 'DL'과 'FO'와 비교 분석을 한다면, 발과 무릎의 움직임의 원인을 분석하는 데 도움이 된다.

오른쪽 무릎 오금의 높이의 변화는 체중이동의 과정, 클럽의 기울기, 클럽 헤드 페이스의 변화에 많은 영향을 준다. 만약 오른쪽 무릎 오금의 높이가 어드레스 위치보다 많이 낮다면, 보상동작일 가능성이 크다.

오른쪽 발의 힐의 움직임은 오른쪽 무릎의 움직임에 직접적으로 영향을 준다. 만약에 오른쪽 발의 힐이 어드레스에서 위치보다 타깃 반대 방향으로 과하게 움직인다면, 체중이동 과정이 제대로 만들어지지 않거나, 역동적인 몸의 움직임을 만드는 데 많은 영향을 줄 것이다.

만약에 왼쪽 발의 토우가 어드레스에서 위치보다 타깃 방향으로 과도하게 오픈된다면, 임팩트의 정확도가 낮아지고 밸런스에 좋지 않은 영향을 준다. 이때, 왼쪽 다리의 움직임의 변화를 비교 분석해야 한다. 하지만, 역동적인 스윙을 하는 정도에 따라서 대부분의 골퍼의 왼쪽 발이 움직인다. 골퍼가 피니쉬 구간까지 밸런스를 유지한다면 왼쪽 발이 어느 정도 움직여도 큰 문제는 없다.

Analysis Stage 11-4 'From the target' 분석 포커스

① 머리의 위치와 상체의 기울기를 어드레스에서 상태와 비교 분석한다.

어드레스에서 머리와 상체의 위치를 기준으로 현재 구간에서 머리와 얼굴의 위치나 기울기의 변화가 크다면, 과도한 역동적인 스윙을 하거나, 보상동작을 크게 만들거나 또는 보상동작의 횟수가 많은 것이다. 머리의 위치와 상체의 기울기의 변화가 크다면, 척추의 기울기, 체중이동의 과정, 그리고 클럽의 움직임에도 영향을 준다. 이때, 머리와 골반의 움직임을 비교 분석해야 한다.

② 배와 골반의 움직임을 분석한다.

배와 골반이 타깃 방향을 향해서 어느 정도 움직였는지 어드레스를 기준으로 비교 분석한다. 몸의 움직임의 역동적인 정도와 체중의 배분을 분석할 수 있다. 밸런스 라인을 기준으로, 배와 골반이 타깃 방향으로 움직이는 정도 그리고 밸런스의 변화를 비교 분석한다.

③ 무릎의 움직임을 분석한다.

무릎 사이의 공간의 크기 그리고 무릎이 펴지거나 구부려지는 정도를 분석한다. 무릎의 움직임은 골반이 오픈되는 정도, 스윙의 궤도, 그리고 역동적인 스윙에 영향을 준다.

토우 라인을 사용해서 오른쪽 무릎의 움직임을 분석한다. 오른쪽 무릎이 토우 라인을 넘어가면, 하체가 타깃 방향으로 많이 오픈되거나 척추의 기울기에 영향을 준다. 이때, 왼발의 토우의 방향을 어드레스에서 상태와 비교 분석한다.
오른쪽 무릎이 토우 라인을 넘어가는 정도와 왼발의 토우가 타깃 방향으로 오픈되는 정도는 배와 골반이 타깃 방향으로 오픈되는 정도에 영향을 준다. 또한 이러한 움직임은 스윙 궤도와 보상동작과 연관이 있다.

④ 손의 위치와 클럽의 기울기를 어드레스에서 상태와 비교 분석한다.

손의 위치와 클럽 샤프트의 기울기는 몸에 움직임에 의해서 만들어지거나 또는 보상동작에 의해서 만들어진다. 만약 확인이 가능하다면, 왼쪽 손등과 클럽 헤드 페이스의 상태와 방향을 어드레스에서의 상태와 비교 분석한다.

왼쪽 손등과 클럽 헤드 페이스의 위치와 방향은 샷의 결과에 직접적으로 영향을 준다. 만약 확인이 가능 하다면, 임팩트 순간 공이 클럽 헤드 페이스 어느 부위에 맞는지 분석한다. 스윙의 궤도와 보상동작과 연관이 있다.

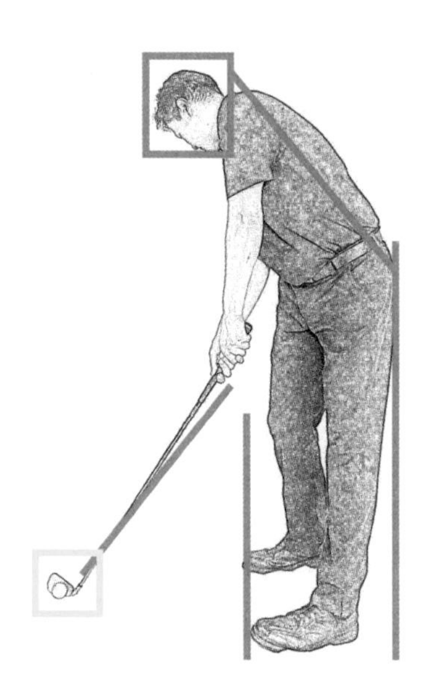

Analysis Stage 12

팔로우 스로우: 클럽이 지면에 평행할 때까지

Until the club is parallel to the ground in the follow through

현재 구간까지, 골퍼의 움직임이 샷의 결과에 어떠한 영향을 주는지에 대해서 분석할 수 있는 마지막 구간이다. 골퍼의 움직임에 의해서 만들어진 클럽 헤드 페이스의 상태 그리고 클럽 샤프트의 위치에 따라서 최종적으로 샷의 결과가 만들어진다.

'Analysis Stage 12'의 움직임은 'Analysis Stage 11'의 연장이거나 또는 'Analysis Stage 11'이전의 움직임의 의해서 만들어진 결과이다. 하지만, 현재 구간까지 골퍼의 몸, 팔, 손, 그리고 클럽의 움직임에 의해서 임팩트 전에 전혀 예상진단하지 못했던 샷의 결과가 만들어지기도 한다. 왜냐하면 임팩트와 동시에 만들어지는 동작은 'Analysis Stage 12'에서 분석이 가능하기 때문이다. 즉, 'Analysis Stage 12'까지가 샷의 결과에 영향을 미치는 보상동작을 확인할 수 있는 마지막 구간이다.

임팩트 이후에 클럽이 지면에 평행할 때까지의 스윙 스피드는 매우 빠르다. 만약 현재 구간에서 보상동작이 없는 스윙이라면, 스윙 스피드가 매우 빠르기 때문에 팔과 손을 제외한 머리의 움직임과 상체의 움직임은 거의 만들어지지 않는다.

실제로는 'Analysis Stage 10. 다운스윙: 클럽이 지면에 평행할 때까지'부터 'Analysis Stage 12. 팔로우 스로우: 클럽이 지면에 평행할 때까지'의 구간들을 지나는 동안에 손, 팔, 그리고 클럽의 움직임이 가장 역동적으로 만들어진다. 그리고 발과 무릎의 움직임 역시 매우 역동적으로 만들어진다.

골퍼가 샷을 할 때, 손, 팔 그리고 클럽의 움직임은 거의 대부분 타깃 방향으로 포워드 움직임을 한다면, 발과 무릎의 움직이는 방향은 타깃 반대 방향으로 움직이는 경우도 있다. 그 이유는 발이 땅에 닿는 신체의 유일한 부위이기 때문이다.

스윙의 스피드를 만들기 위해서 발이 지면을 강하게 누를 때, 몸 전체에 힘을 전달하는 움직임에 의해서 발과 무릎의 움직이는 방향이 달라진다. 이러한 발의 움직임은 머리와 상체의 움직임과 함께 체중이동의 과정에 중요한 역할을 한다.

이전의 움직임의 실수에 대한 보상동작을 할 때, 발과 무릎의 움직임의 방향, 얼굴의 기울기 그리고 손의 움직임과 함께 자주 사용된다. 또한, 오랜 습관에 의해서 발과 무릎을 사용해서 지면을 너무 강하게 누르는 움직임을 만드는 골퍼도 있다.

분석가는 분석을 할 때, 왜 이러한 팔로우 스로우가 만들어지는지, 팔로우 스로우에서 문제가 있다면 원인이 무엇인지, 그리고 이러한 팔로우 스로우가 샷에 어떠한 영향을 미치는가에 대해서 의문을 가지고 분석해야 한다. 또한, 이러한 움직임을 골퍼가 의도를 하지 않은 것인지, 또는 의도를 한 것인지를 구분해서 분석해야 한다.

분석가는 아래의 사항들을 반드시 주의해야 한다.

- 골퍼가 의도치 않게 이전의 동작들과 연결되지 않는 다른 움직임을 하는 경우.
- 임팩트 순간에 골퍼가 원하는 임팩트가 아니거나 또는 몸의 움직임이나 클럽의 움직임이 잘못되었다고 판단을 해서 골퍼가 원하는 결과를 만들기 위해서 임팩트와 동시에 보상동작을 하는 경우.
- 얼라이먼트나 어드레스를 골퍼가 의도를 해서 특별하게 설정했거나 또는 오랜 습관에 의해서 만들어진 경우.
- 골퍼의 이론에 따라서 원하는 동작으로 만드는 경우.

분석가는 위와 같이 동작이 만들어진 경우를 구분을 한다면, 분석을 할 때 동작의 근본적인 원인을 제대로 진단할 수 있다.

골퍼가 의도를 했다 하더라도 느낌에 의해서 순간적으로 보상동작을 만든 것인지 또는 처음부터 골퍼의 이론대로 동작을 만든 것인지에 대한 정보를 골퍼에게 확인해서 분석하는 것이 중요하다.
왜냐하면 분석의 접근 방식에 따라서 문제의 근본 원인을 잘못 진단할 수도 있기 때문이다. 분석가가 문제의 근본 원인을 잘못 진단한다면, 이후에 교정의 순서와 교정의 방법 역시 잘못될 것이기 때문이다.

현재 구간은 임팩트 이후에 클럽의 속도가 매우 빠르고 보상동작이 만들어질 가능성이 높다. 그러므로 현재 구간을 신중하게 분석할 필요가 있다. 만약 가능하다면, 스윙의 모든 구간에서 위와 같은 분석의 접근 방법을 사용하는 것이 보다 일관적이고 객관적인 분석을 하는 데 많은 도움이 된다.

Analysis Stage 12-1 'Down the line' 분석 포커스

'DL'에서는 골퍼의 스윙에 따라서 클럽의 움직임이 잘 보이지 않는 경우도 있다. 그러므로 임팩트부터 클럽이 지면에 평행할 때까지 클럽의 움직임을 분석해야 한다.

① 머리와 몸의 움직임을 분석한다.

머리의 높이와 기울기의 변화를 임팩트에서 머리의 위치를 기준으로 분석을 한다. 머리의 움직임과 얼굴의 기울기를 클럽과 클럽 헤드 페이스의 움직임과 비교 분석한다. 왜냐하면, 머리의 움직임과 얼굴의 기울기는 보상동작을 만드는 데 많은 영향을 미치기 때문이다. 이때, 척추의 기울기, 그리고 하체의 움직임의 변화를 함께 비교 분석해야 한다.

② 밸런스 라인을 기준으로 골반의 움직임을 임팩트에서 골반의 상태와 비교 분석한다.

골반의 움직임이 척추의 기울기에 어떠한 영향을 미치는지 분석을 할 수 있다. 그리고 골반의 움직임은 무릎과 발의 움직임에 의해서 만들어진다.

③ 토우 라인을 기준으로 무릎의 움직임을 분석한다.

무릎의 구부러진 정도와 양쪽 무릎 사이의 공간을 분석한다. 이러한 움직임은 골반의 움직임과 스윙 궤도에 영향을 준다. 현재 구간에서 무릎의 움직임은 역동적인 움직임에 따라서 다르게 만들어진다.

④ 양쪽 발의 토우와 힐의 움직이는 방향을 비교 분석한다.

발의 토우와 힐의 움직이는 방향은 역동적인 스윙을 만드는 데 매우 중요한 역할을 한다. 하지만, 단순한 미스 샷이나 오래된 습관 의해서 발을 포함한 하체의 움직임이 많은 경우도 있다. 또는 보상동작을 만들 때 발의 움직임이 과도하게 만들어지는 경우도 있다.

분석가는 발의 토우와 힐의 움직이는 방향을 이전 구간에서의 클럽 헤드 페이스 상태, 스윙 궤도, 그리고 몸의 움직임과 함께 비교 분석해야 한다. 그래서 발의 토우와 힐의 움직임이 역동적인 스윙을 만들기 위한 동작인지, 단순하게 실수로 만들어진 동작인지 또는 보상동작을 만드는 움직임인지에 대해서 분석해야 한다.

오른쪽 발의 움직이는 방향과 무릎의 구부러진 정도를 분석한다. 이러한 움직임은 척추의 기울기, 클럽의 움직임, 그리고 체중이동의 과정에 영향을 미친다.

⑤ 팔과 손의 움직임을 클럽의 움직임과 비교 분석한다.

손(손목), 팔(팔꿈치)의 움직임에 의해서 클럽의 기울기와 클럽 헤드 페이스의 변화가 만들어진다. 이러한 움직임은 샷의 결과를 분석하는 데 매우 중요한 역할을 한다.

현재 구간의 양쪽 손과 팔의 움직임, 클럽의 움직이는 방향 그리고 클럽 헤드 페이스의 가리키는 방향을 어드레스부터 임팩트까지의 손과 팔의 움직임, 클럽의 움직이는 방향 그리고 클럽 헤드 페이스의 가리키는 방향과 비교 분석한다. 이러한 분석은 샷의 결과가 어떻게 만들어지는지에 대한 과정을 보여 준다.

만약에 클럽 헤드 페이스의 상태를 확인하는 것이 어렵다면, 클럽 헤드의 토우의 위치, 클럽 헤드 탑 라인의 기울기 또는 헤드의 리딩 에지의 기울기를 분석하면 된다. 다운스윙의 움직임 그리고 임팩트 이후의 움직임과 조화롭지 않거나 상반되는 동작이 있다면, 보상동작을 만드는 가능성이 높다.

하지만 주의할 점이 있다. 현재 구간은 임팩트 직후이기 때문에 골퍼가 미스 샷을 했을 때에도 임팩트 이전의 움직임과 전혀 다른 움직임이 만들어질 수도 있다. 그러므로 분석가는 미스 샷에 의한 움직임의 변화와 보상동작에 위한 움직임의 변화를 구분해서 분석해야 한다.

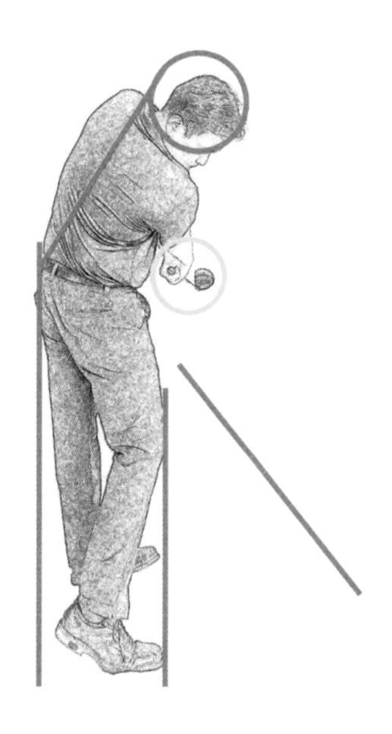

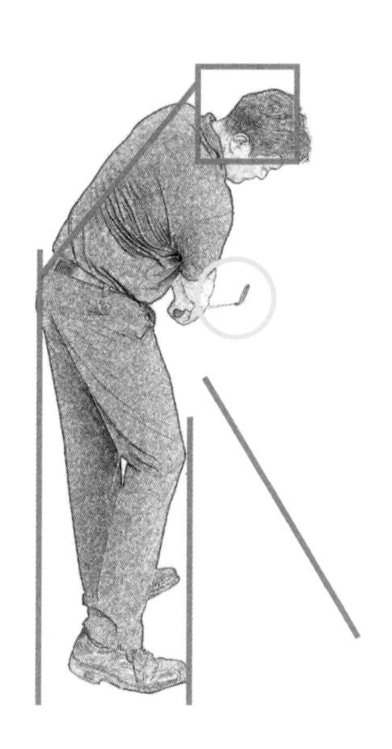

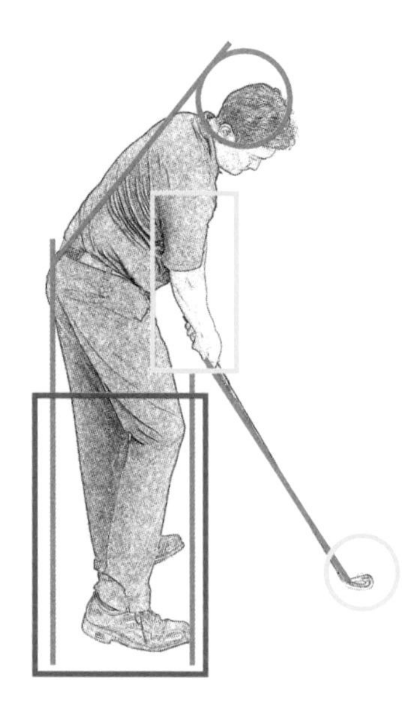
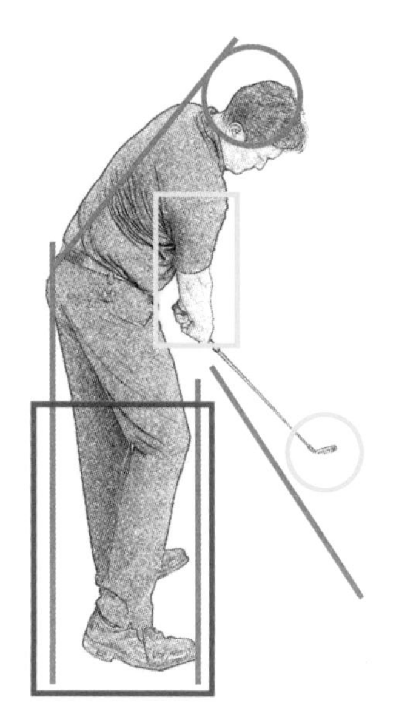
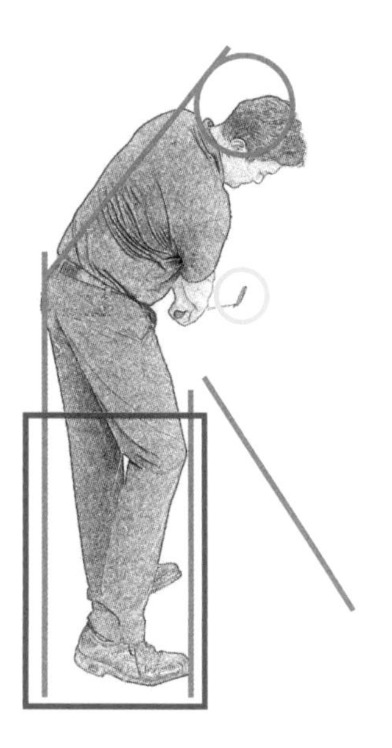

Analysis Stage 12-2 'Face on' 분석 포커스

① 머리의 움직임과 얼굴의 기울기를 비교 분석한다.

임팩트에서 머리가 움직이고 얼굴이 기우는 방향을 기준으로, 머리의 움직임과 얼굴의 기울기의 변화가 동일한 방향으로 더 만들어지는지 비교 분석한다. 이러한 움직임이 만들어진다면, 임팩트 이전의 움직임으로부터 영향을 받아서 과도한 역동적인 스윙이 만들어지거나 또는 임팩트 이전에 만들어진 보상동작이 동일하게 진행되고 있는 것이다.

임팩트에서 머리가 움직이고 얼굴이 기우는 방향을 기준으로, 머리의 움직임과 얼굴의 기울기의 변화가 다른 방향으로 만들어지는지 비교 분석한다. 이러한 움직임은 임팩트 이전의 몸의 움직임 또는 스윙 궤도, 클럽 헤드 페이스에 대한 보상동작을 만드는 것이다.

머리의 움직임과 얼굴의 기울기가 임팩트와 거의 동일한 경우도 있다. 임팩트 이후, 팔로우 스로우에서는 손(손목) 그리고 팔(팔꿈치)의 움직임에 의해서 클럽과 클럽 헤드 페이스의 변화가 더 많이 만들어진다.

② 하체의 움직임을 분석한다.

임팩트에서 양쪽 발의 토우와 힐이 움직이는 방향을 기준으로, 양쪽 발의 토우와 힐의 움직임의 변화가 동일한 방향으로 더 만들어지는지 비교 분석한다.

임팩트에서 오른쪽 무릎의 움직이는 방향과 왼쪽 다리의 기울기를 기준으로, 오른쪽 무릎의 움직임과 왼쪽 다리의 기울기의 변화가 동일한 방향으로 더 만들어지는지 비교 분석한다. 이러한 움직임이 만들어진다면, 임팩트 이전의 움직임으로부터 영향을 받아서 과도한 역동적인 스윙이 만들어지거나 또는 임팩트 이전에 만들어진 보상동작이 동일하게 진행되고 있는 것이다.

임팩트에서 양쪽 발의 토우와 힐이 움직이는 방향을 기준으로, 양쪽 발의 토우와 힐의 움직임의 변화가 다른 방향으로 만들어지는지 비교 분석한다. 임팩트에서 오른쪽 무릎의 움직이는 방향과 왼쪽 다리의 기울기를 기준으로, 오른쪽 무릎의 움직임과 왼쪽 다리의 기울기의 변화가 다른 방향으로 만들어지는지 비교 분석한다. 이러한 움직임은 임팩트 이전의 몸의 움직임 또는 스윙 궤도, 클럽 헤드 페이스에 대한 보상동작을 만드는 것이다.

하체의 움직임은 머리의 움직임과 함께, 발이 지면을 누르면서 역동적인 스윙을 만들고 그리고 체중이동의 과정에 중요한 역할을 한다.

③ 손과 팔의 움직임을 분석한다.

손(손목)과 팔(팔꿈치)의 움직임에 의해서 클럽의 기울기와 클럽 헤드 페이스의 변화가 만들어진다. 이러한 움직임이 임팩트 이전 구간의 움직임 또는 어드레스에 대한 보상동작인지 분석해야 한다.

현재 구간에서 양쪽 손목의 움직임, 양쪽 손등의 각, 그리고 클럽 헤드 페이스의 가리키는 방향의 변화를 어드레스부터 임팩트까지의 손목의 움직임, 손등의 각, 그리고 클럽 헤드 페이스의 가리키는 방향과 비교 분석한다. 이러한 분석은 왜 이러한 샷의 결과가 만들어지는지에 대한 과정을 보여 준다. 또한, 보상동작이 만들어지는 횟수를 계산할 수 있다.

만약에 클럽 헤드 페이스의 상태를 확인하기 어려운 경우, 클럽 헤드의 토우의 위치 그리고 클럽 헤드 뒷면의 가리키는 방향을 분석하면 된다. 이때, 양쪽 팔과 팔꿈치의 움직임의 변화와 비교를 한다면 분석의 정확도를 높이는 데 도움이 된다.

* 임팩트 이후에 양쪽 손등의 각과 클럽 헤드 페이스의 변화를 어드레스 또는 임팩트에서 만들어진 손등의 각과 클럽 헤드 페이스를 기준으로 분석한다.

양쪽 손등의 각이 어드레스에서 또는 임팩트에서 만들어진 상태로 유지되는지, 보우(Bowed)

또는 컵(Cupped)되는지 분석한다. 어드레스에서 또는 임팩트에서 만들어진 클럽 헤드 페이스가 유지되는지, 클로즈 또는 오픈 상태인지 분석한다.

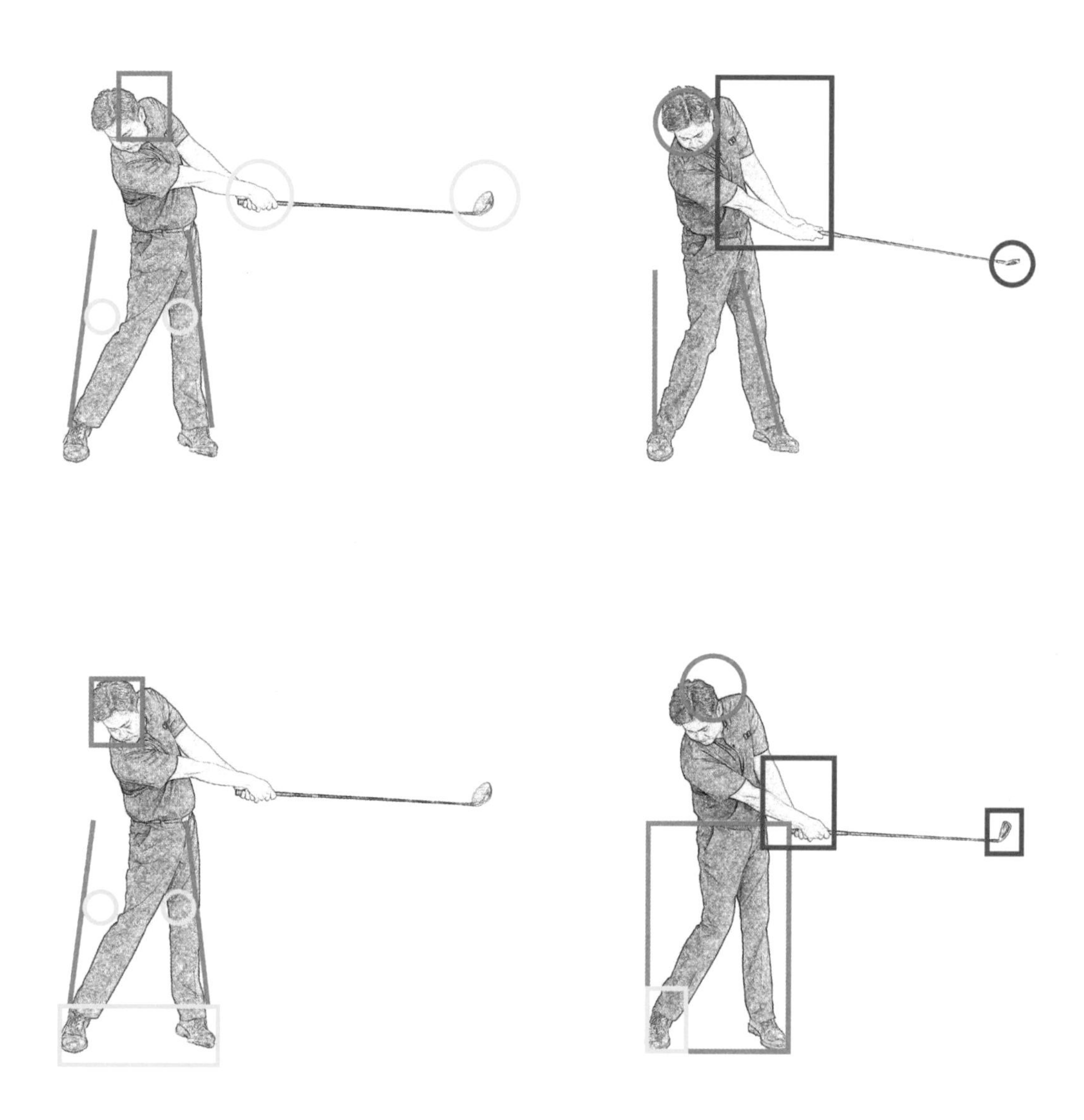

Analysis Stage 12-3 'Rear' 분석 포커스

① 머리와 골반의 움직임을 비교 분석한다.

머리와 골반의 위치 변화에 따라서, 척추의 기울기 그리고 골퍼의 몸이 타깃 방향으로 움직이는 정도를 분석할 수 있다. 이러한 움직임은 샷의 높이와 방향에 영향을 준다.

머리의 위치와 왼쪽 다리의 기울기의 변화를 분석한다. 팔로우 스로우를 하는 동안에, 머리의 위치와 왼쪽 다리의 기울기는 체중이동의 과정과 많은 연관이 있다.

② 무릎 오금과 발의 움직임을 분석한다.

무릎 오금과 발의 움직이는 높이와 방향은 타깃 방향으로 골반이 오픈되는 정도와 체중이동의 과정에 많은 영향을 준다. 또한 스윙 스피드에도 영향을 준다.

빠른 스윙 스피드와 역동적인 몸의 움직임을 만들 때의 무릎 오금과 발의 움직임은 이전 구간에서 잘못 만들어진 스윙 궤도 또는 클럽 헤드 페이스에 대한 보상동작을 만들 때 무릎 오금과 발의 움직임과는 움직이는 정도와 방향이 서로 다르다.

왼쪽 발의 토우가 임팩트에서 위치보다 타깃 방향으로 과도하게 오픈된다면, 임팩트의 정확도와 밸런스에 좋지 않은 영향을 준다. 오른쪽 발의 힐이 임팩트에서 위치보다 과도하게 타깃 반대 방향으로 움직인다면, 이러한 움직임 역시 임팩트의 정확도와 밸런스에 좋지 않은 영향을 준다.

③ 확인이 가능하다면, 손등과 클럽 헤드 페이스의 향하는 방향을 분석한다.

왼쪽 손등의 방향이 하늘을 향하거나, 현재 구간에서 만들어진 왼쪽 손등의 각이 어드레스 또는 임팩트에서보다 더 꺾여 있는지 분석한다. 그리고 클럽 헤드 페이스의 방향을 비교 분석한다. 또는 오른쪽 손등 또는 왼쪽 손바닥이 하늘을 향하는지 분석한다. 이러한 분석을 통해서 보상동작의 여부를 확인할 수 있다.

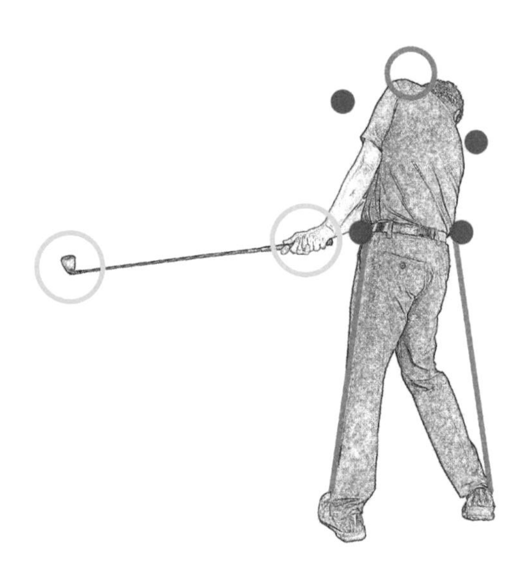

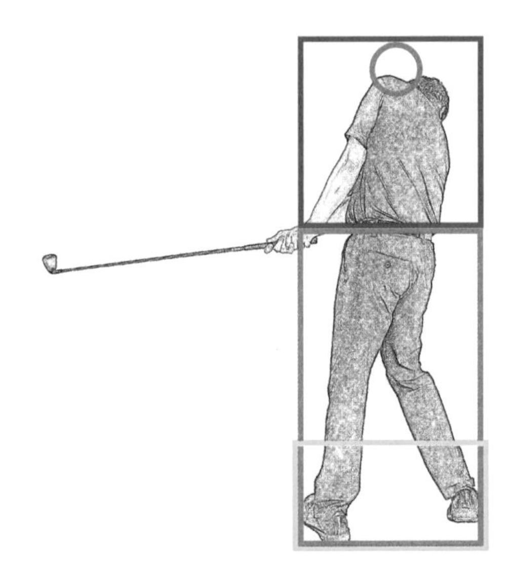

Analysis Stage 12-4 'From the target' 분석 포커스

'FT'는 임팩트 이후부터 피니쉬 전까지 손, 클럽, 클럽 헤드의 움직임 그리고 보상동작이 어떻게 만들어지는지 정확하게 분석할 수 있는 분석의 방향이다.

① 손, 클럽, 클럽 헤드의 움직임을 비교 분석한다.

손의 움직임은 클럽과 헤드의 움직임에 직접적으로 영향을 준다. 손등과 손바닥이 가리키는 방향을 분석한다. 그리고 양쪽 손(손목) 중에서 어느 손(손목)으로 클럽과 클럽헤드의 움직임을 만드는지 분석한다.

클럽 헤드 페이스의 향하는 방향을 샷의 방향과 높이와 비교 분석한다. 만약 클럽 헤드 페이스가 지면을 향하는 경우에는, 샷의 방향이 왼쪽으로 향하거나, 공의 스핀이 왼쪽으로 만들어지거나 또는 샷의 탄도가 낮게 만들어지는지에 대해서 분석한다. 만약 클럽 헤드 페이스가 하늘을 향하는 경우에는, 샷의 방향이 우측으로 향하거나, 공의 스핀이 우측으로 만들어지거나 또는 샷의 탄도가 높게 만들어지는지에 대해서 분석한다.

이미 보상동작이 만들어진 후의 클럽 헤드 페이스의 방향은 예측 진단한 샷의 결과와 일치하지 않는 경우도 있다. 그러므로 이전의 동작과 비교 분석해야만 한다. 분석가는 골퍼가 이러한 샷을 의도했는지 또는 의도하지 않았는지를 확인해야 한다. 그리고 나서 이전 구간의 동작과 비교 분석하면 문제의 원인을 진단하는 데 도움이 된다.

② 골퍼의 움직임을 분석한다.

머리의 움직임과 상체의 움직임을 분석한다. 척추의 기울기의 변화를 분석할 수 있다.

밸런스 라인을 기준으로 배와 골반의 움직임을 분석한다. 배와 골반이 타깃 방향으로 오픈되는 정도에 따라서 체중이동의 과정과 스윙 스피드에 영향을 미친다.

토우 라인을 기준으로 무릎과 발의 움직이는 방향과 높이의 변화를 분석한다. 오른쪽 무릎의 움직이는 방향과 왼쪽 발 토우의 움직이는 방향을 비교 분석한다. 이러한 움직임은 역동적인 스윙을 만들고 체중이동의 과정에 중요한 역할을 한다. 또한, 보상동작을 만드는 데 중요한 역할을 하기도 한다.

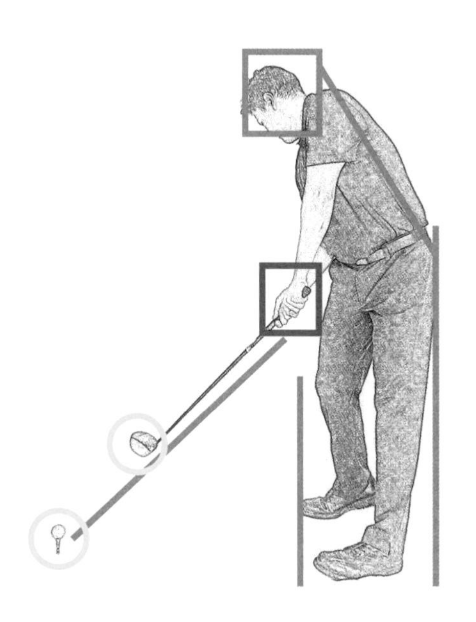
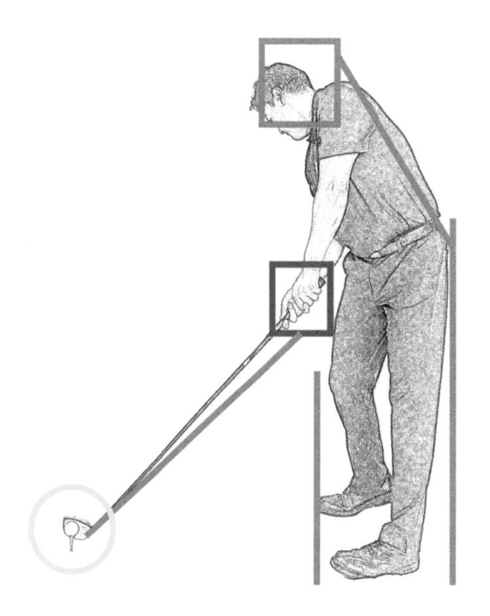
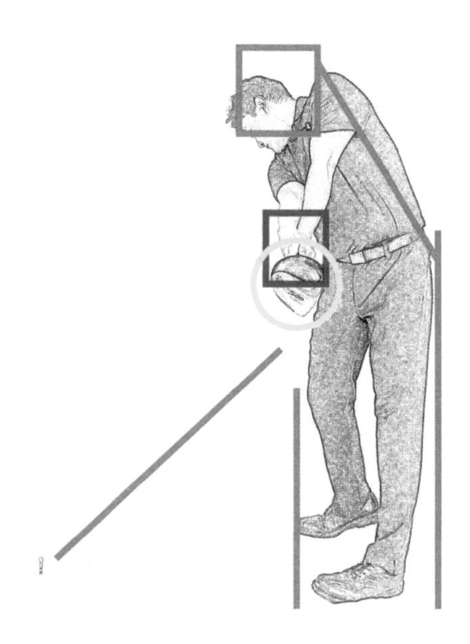

Analysis Stage 13

팔로우 스로우: 양손이 가장 높은 위치까지

Until the hands are at the highest position in the follow through

‘Analysis Stage 13’의 움직임은 ‘Analysis Stage 12’의 움직임의 연장이거나 또는 임팩트 이전의 움직임에 의해서 만들어진 결과이다. 현재 구간에서도 이전 구간의 동작과 전혀 다른 움직임이 만들어지거나 또는 보상동작이 만들어질 수 있다. 그러나 샷의 결과에는 영향을 주지 않는다.

그렇더라도 분석가는 이러한 움직임에 대해서도 자세하게 분석해야 한다. 왜냐하면 샷의 결과에 영향을 주지 못하더라도 골퍼의 의도를 이해할 수 있기 때문이다. 또한, 몸의 움직임 그리고 스윙의 타이밍과 많은 연관이 있다. 이러한 분석 방법은 추후에 교정의 순서를 결정하는 데 중요한 자료로 쓰인다.

골퍼와 교습가의 이론에 따라서, 보상동작이 더 잘 만들어지도록 트레이닝을 하거나, 교정 없이 보상동작을 만드는 타이밍을 조절하거나, 또는 보상동작이 없는 새로운 스윙으로 교정하는 등, 이러한 자료를 바탕으로 교정의 방법이 바뀔 수 있다. 그러므로, 샷의 결과에 영향을 주지 않더라도 마지막 분석 구간까지 자세하게 분석해야 한다.

명확한 분석을 위해서, ‘Analysis Stage 12. 팔로우 스로우: 클럽이 지면에 평행할 때까지’와 ‘Analysis Stage 13. 팔로우 스로우: 양손이 가장 높은 위치까지’로 구분한다. 팔로우 스로우 구간을 분석할 때는 백스윙 구간과 같이 ‘Analysis Stage 5. 백스윙: 클럽이 지면에 평행할 때까지’ 이후에 ‘Analysis Stage 6. 백스윙: 왼팔이 지면에 평행할 때까지’와 같이 구분하지 않는다.

왜냐하면, ‘Analysis Stage 12’ 이후에 오른팔이 지면에 평행할 때까지 스윙 스피드는 백스윙을 할 때보다 매우 빠르다. 그래서 스윙의 시간이 매우 짧다. 또한 몸의 움직임이 이전 동작과 차이가 크지 않다. 이러한 이유로 팔로우 스로우 구간을 분석할 때 백스윙 구간의 분석과는 다르게 구분을 한다.

다운스윙 구간을 분석하는 경우에는, 스윙의 스피드가 빠르지만 임팩트 전에 클럽의 릴리즈가 만들어지는 과정의 분석이 매우 중요하다. 그러므로 마찬가지로 팔로우 스로우 구간의 분석과는 다르게 구분한다.

만약에 4분의 3스윙 같은 컨트롤 샷의 분석을 하는 경우, 현재 구간을 건너뛰고 ‘Analysis Stage 14. 피니쉬까지’의 분석의 방법을 따르는 것을 추천한다.

Analysis Stage 13-1 'Down the line' 분석 포커스

① 머리, 상체 그리고 하체의 움직임을 비교 분석한다.

타깃 방향을 기준으로 얼굴의 방향 그리고 머리와 상체의 움직인 정도를 분석한다. 머리와 상체의 움직임은 스윙이 원활하게 만들어지고 체중이동의 과정에 영향을 준다.

타깃 방향으로 골반의 오픈된 정도, 양쪽 무릎과 양쪽 발의 움직임을 분석한다. 또한, 분석가의 관점에 따라서 둔부, 허벅지 그리고 무릎 오금의 움직임을 분석하는 것 역시 동일한 분석의 효과를 얻을 수 있다. 이러한 움직임은 상체의 움직임과 기울기와 연관이 크다. 그리고 역동적인 움직임, 스윙 궤도, 그리고 밸런스에 영향을 준다. 특히, 오른쪽 발의 힐과 오른쪽 무릎의 움직이는 방향 그리고 왼쪽 발 토우의 움직임은 골반의 움직임과 스윙 궤도에 매우 큰 영향을 미친다.

② 손, 팔, 그리고 클럽의 움직임을 비교 분석한다.

양쪽 팔꿈치의 간격을 어드레스와 백스윙 탑에서의 간격과 비교 분석한다. 양쪽 팔꿈치 간격은 스윙의 일관성에 영향을 준다.

왼쪽 팔꿈치의 구부러진 정도와 높이가 골퍼가 만들고자 하는 샷에 적합한지 분석한다. 이때, 양쪽 손등과 클럽 헤드 페이스의 가리키는 방향 그리고 클럽 샤프트의 기울기를 함께 분석한다. 골퍼가 만들고자 하는 샷에 적합한지 또는 이전 스윙 구간에 대한 보상동작을 만드는 것인지에 대한 분석이 가능하다.

'Analysis Stage 12'부터 'Analysis Stage 13'까지 손, 클럽, 클럽 헤드 페이스의 움직임을 분석한다. 그리고 그립의 끝이 가리키는 방향 역시 분석한다. 손, 클럽, 그리고 클럽 헤드 페이스의 움직임이 동일하게 연속되는지 또는 보상동작이 만들어지는지에 대해서 샷의 결과와 비교 분석한다.

또한, 현재 구간과 'Analysis Stage 11'부터 'Analysis Stage 12'까지의 동작과 비교해서 분석한다면, 동작의 원인을 정확하게 진단하는 데 도움이 된다.

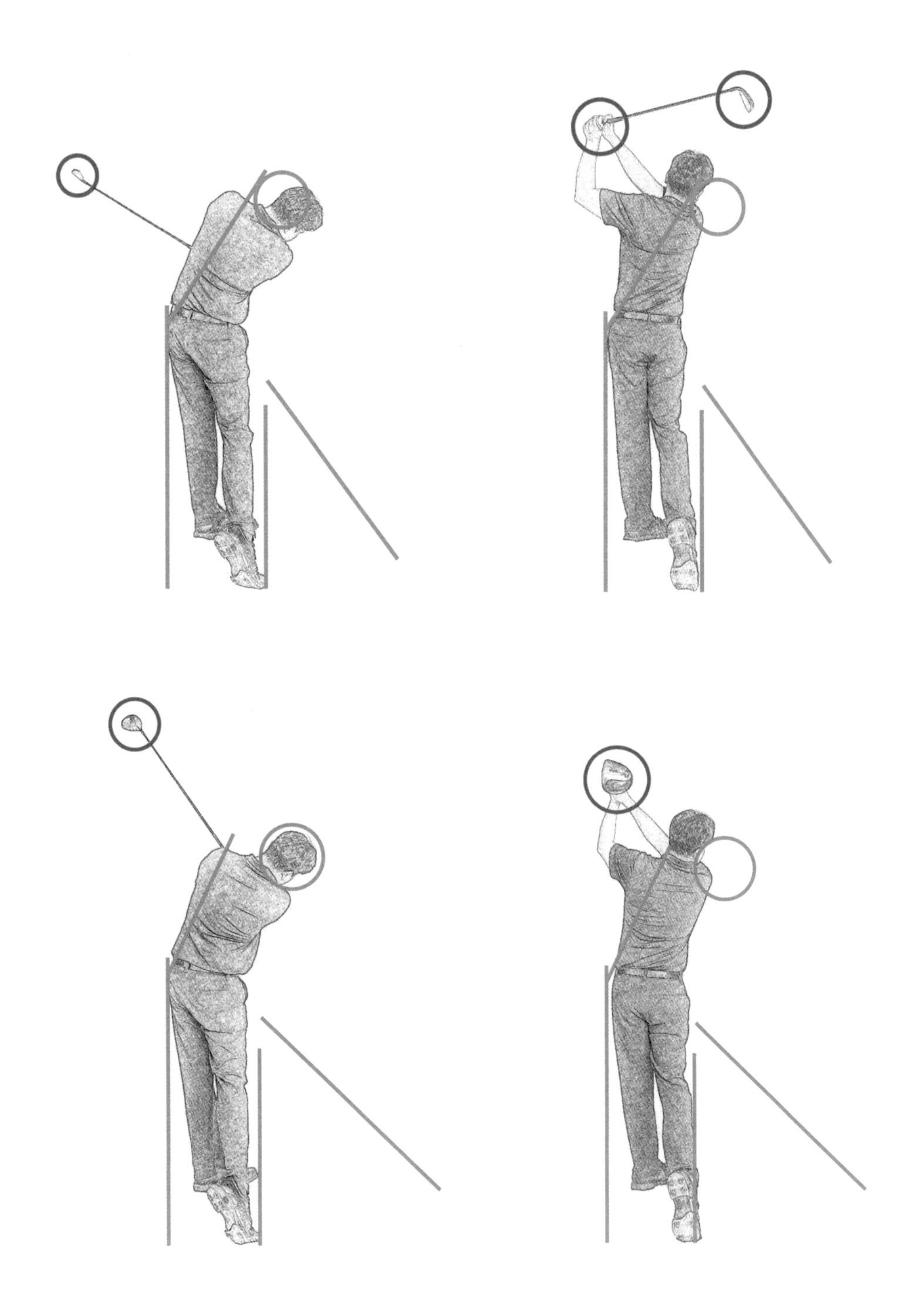

Analysis Stage 13-2 'Face on' 분석 포커스

① 타깃 방향을 기준으로 머리, 얼굴, 그리고 상체의 움직이는 방향과 기울기를 분석한다. 이때, 손(손목)과 팔(팔꿈치)의 움직임과 그리고 클럽의 기울기를 비교 분석한다.

어드레스, 백스윙 탑, 그리고 임팩트에서 머리, 얼굴, 그리고 상체의 움직이는 방향과 기울기를 비교 분석한다. 축의 움직임, 체중이동의 과정을 분석할 수 있다. 골퍼가 만들고자 하는 샷에 적합한 움직임인지 확인할 수 있다. 또한 골퍼가 원하는 샷의 결과를 만들기 위해서, 몸의 움직임으로 보상동작을 만드는 과정을 확인할 수 있다. 이때, 손(손목)과 팔(팔꿈치)의 움직임과 그리고 클럽의 기울기를 비교 분석해야 한다.

② 다리의 기울기, 양쪽 무릎의 움직임 그리고 양쪽 발의 힐과 토우의 움직임을 분석한다.

어드레스에서 하체의 위치뿐만 아니라, 백스윙 탑, 임팩트에서 하체의 움직임과 비교 분석한다. 하체의 움직임이 골퍼가 만들고자 하는 샷에 적합한지 또는 하체의 움직임으로 원하는 샷을 만들기 위해서 보상동작을 만드는지에 대한 과정을 확인할 수 있다.

여전히 양쪽 무릎의 움직이는 방향, 양쪽 발의 토우와 힐의 움직이는 정도와 상태, 그리고 다리의 기울기는 역동적인 몸의 움직임과 스윙의 스피드를 만드는 데 매우 중요한 역할을 한다. 또한, 빠른 스윙 스피드를 피니쉬까지 유지하기 위해서는 발의 움직임과 밸런스 역시 매우 중요하다.

③ 손, 팔, 그리고 클럽의 움직임을 분석한다.

양쪽 손목의 움직임, 양쪽 손등의 각 그리고 양쪽 손등의 가리키는 방향을 클럽의 기울기, 클럽 헤드 페이스의 가리키는 방향과 비교 분석한다. 골퍼가 만들고자 하는 샷에 적합한지 또는 이전 구간에 대한 보상동작을 만드는 것인지 확인할 수 있다.

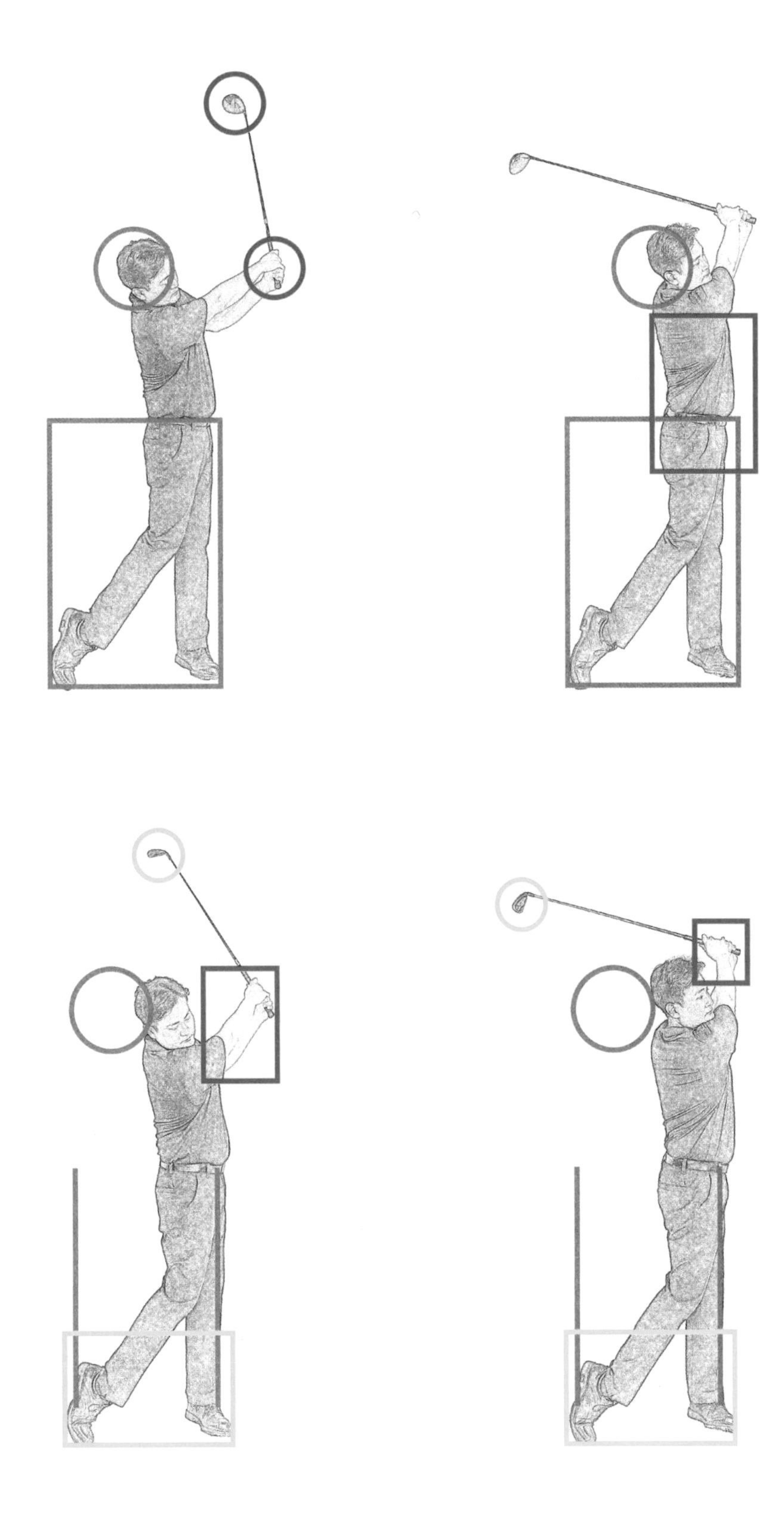

Analysis Stage 13-3 'Rear' 분석 포커스

① 머리와 상체, 그리고 하체의 움직임의 조화를 분석한다.

골퍼의 축의 움직임을 분석할 수 있다. 만약 머리의 위치와 상체의 기울기가 조화롭지 않다면, 의도하지 않은 움직임에 의해서 만들어졌는지, 이전 구간의 움직임에 대한 보상동작이 만들어졌는지, 또는 골퍼가 의도해서 임의로 움직임을 만든 것인지에 대해서 분석해야 한다. 이러한 움직임은 척추의 기울기, 체중이동의 과정에 영향을 미쳐서 손과 팔의 움직임의 정도와 방향에 영향을 준다.

② 왼쪽 골반, 왼쪽 다리, 그리고 왼쪽 발의 움직임을 분석한다.

왼쪽 골반의 위치, 왼쪽 다리의 기울기, 그리고 왼쪽 발의 움직인 정도는 척추의 기울기와 밸런스에 영향을 준다. 이때, 오른쪽 무릎(무릎 오금)과 발의 움직임을 비교 분석한다. 이러한 움직임은 체중이동의 과정과 역동적인 움직임을 만드는 데 큰 영향을 준다. 골반, 무릎, 그리고 발의 움직임이 이전 구간의 움직임과 동일하게 연속되는지 또는 보상동작인지를 분석해야 한다.

③ 'Analysis Stage 12'에서 양쪽 손의 움직임과 클럽 헤드 페이스가 향하는 방향과, 'Analysis Stage 13'에서 양쪽 손의 움직임과 클럽 헤드 페이스가 향하는 방향을 비교 분석한다.

또한, 현재 구간의 양쪽 손과 클럽 헤드 페이스의 상태를 임팩트 이전 구간의 손과 클럽 헤드 페이스의 상태를 비교 분석해야 한다. 이러한 분석을 통해서 골퍼가 원하는 샷을 만들기 위한 손과 클럽의 움직임인지 또는 보상동작인지에 대한 정확한 분석이 가능하다.

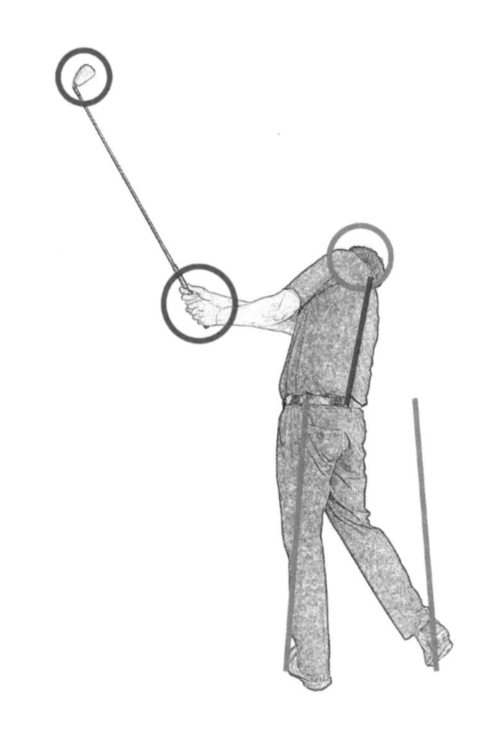

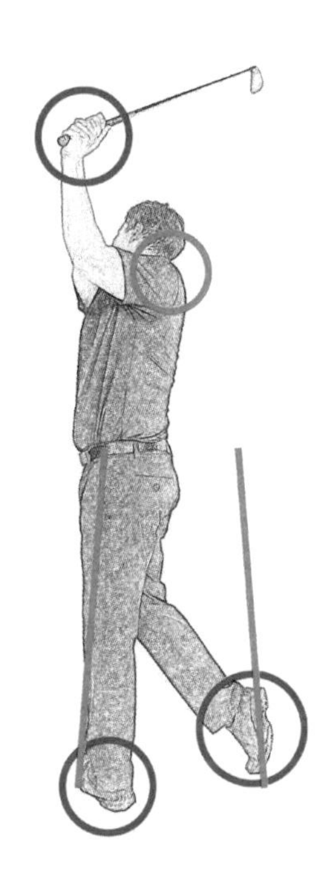

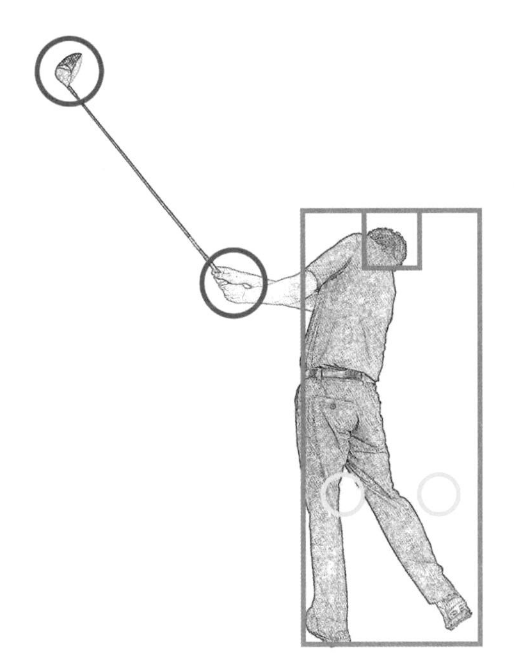

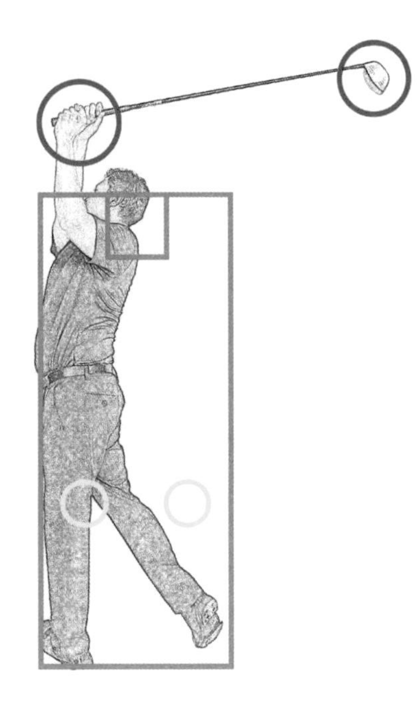

Analysis Stage 13-4 'From the target' 분석 포커스

'Analysis Stage 12-4'와 마찬가지로, 임팩트 이후에 팔로우 스로우에서 피니쉬 전까지 손, 클럽, 그리고 클럽 헤드의 움직임이 어떻게 만들어지는가에 대해서 분석이 가능한 최적의 분석 방향이다. 어드레스, 임팩트, 그리고 팔로우 스로우 전체 구간을 비교 분석한다면 손과 클럽의 움직임의 변화를 분석하는 데 도움이 된다.

① 손과 클럽, 그리고 클럽 헤드 페이스의 움직임을 분석한다.

손의 움직임은 클럽의 움직임에 직접적으로 영향을 준다. 양쪽 손(손목)의 움직임 그리고 양쪽 손등과 클럽 헤드 페이스가 가리키는 방향을 비교 분석한다.
손(손목)과 클럽, 그리고 클럽 헤드 페이스의 움직임이 이전 구간의 움직임과 동일하게 연속되는지 또는 전혀 다른 동작이 만들어지는지를 샷의 결과와 비교 분석한다. 만약 이전 구간의 움직임과 전혀 다르거나 반대되는 움직임이 만들어진다면, 보상동작일 가능성이 높다. 현재 구간에서의 움직임은 샷의 결과에 영향을 주지는 않는다. 하지만 골퍼의 의도와 샷을 만드는 타이밍을 분석할 수 있다.

'Analysis Stage 12'부터 'Analysis Stage 13'까지 움직임을 비교 분석한다. 손의 움직임, 클럽의 샤프트의 향하는 방향, 클럽 헤드의 움직임 그리고 샷의 방향과 높이를 비교 분석한다.

만약에 현재 구간에서 양손이 가장 높은 위치에 있을 때 클럽 헤드 페이스가 하늘을 향하는 경우, 샷의 방향이 왼쪽으로 향하거나, 샷의 탄도가 낮게 만들어지는지, 또는 이전 구간의 움직임에 대한 보상동작인지를 분석한다. 이때, 클럽 헤드 페이스의 방향과 클럽의 기울기를 반드시 비교해야 한다.

만약에 현재 구간에서 양손이 가장 높은 위치에 있을 때 클럽 헤드 페이스가 지면을 향하는 경우, 샷의 방향이 우측으로 향하거나, 샷의 탄도가 높게 만들어지는지, 또는 이전 구간의 움직임에 대한 보상동작인지를 분석한다. 이때 역시, 클럽 헤드 페이스의 방향과 클럽의 기울기를 반드시 비교해야 한다.

분석가는 골퍼가 이러한 움직임과 샷을 의도했는지 또는 의도하지 않았는지를 반드시 파악해서 이전 구간의 동작들과 함께 비교 분석해야 한다. 또한, 임팩트 이전의 손과 클럽의 움직임을 비교 분석한다면 동작의 원인을 정확하게 진단하는 데 도움이 된다.

② 양쪽 팔꿈치의 간격과 높이를 분석한다.

양쪽 팔꿈치의 간격과 위치는 스윙의 일관성 그리고 샷의 구질과 많은 연관이 있다. 만약에 양쪽 팔꿈치의 간격이 너무 좁거나 또는 간격이 너무 멀어진다면, 클럽과 몸의 움직임이 조화롭지 않거나 또는 몸의 움직임이 과도하게 만들어질 가능성이 크다.

왼쪽 팔꿈치의 구부러진 정도와 높이가 골퍼가 만들고자 하는 샷에 적합한지 분석한다. 이때, 양쪽 손등이 가리키는 방향, 클럽 헤드 페이스의 가리키는 방향, 그리고 클럽 샤프트의 기울기를 비교 분석해야 한다. 이러한 움직임은 샷의 결과와 매우 연관이 있다. 분석가는 골퍼가 팔꿈치의 움직임을 의도했는지, 또는 의도하지 않았는지에 대한 여부를 파악해야 한다. 이전 구간의 움직임을 비교 분석하면 동작의 원인을 진단하는 데 도움이 된다.

③ 머리와 상체의 움직임을 분석한다.

타깃 방향을 기준으로, 머리, 얼굴, 배, 그리고 골반의 움직임이 어떻게 만들어지는지 분석한다. 이러한 움직임은 역동적인 움직임과 체중이동의 과정에 중요한 역할을 한다. 또한, 골반의 움직임과 척추 기울기의 변화에 영향을 준다.

④ 다리, 무릎, 그리고 발의 움직임을 분석한다.

왼쪽 다리의 기울기와 양쪽 무릎 사이의 간격의 변화는 골반의 움직임과 체중이동의 과정에 영향을 준다.

오른쪽 무릎과 왼쪽 발의 움직이는 방향은 역동적인 스윙을 하는 데 매우 중요한 역할을 한다. 하지만, 움직임을 너무 과도하게 만든다면, 지나치게 역동적인 움직임이 만들어지거나 보상동작을 만드는 것이다.

Analysis Stage 14

피니쉬까지

Until the finish

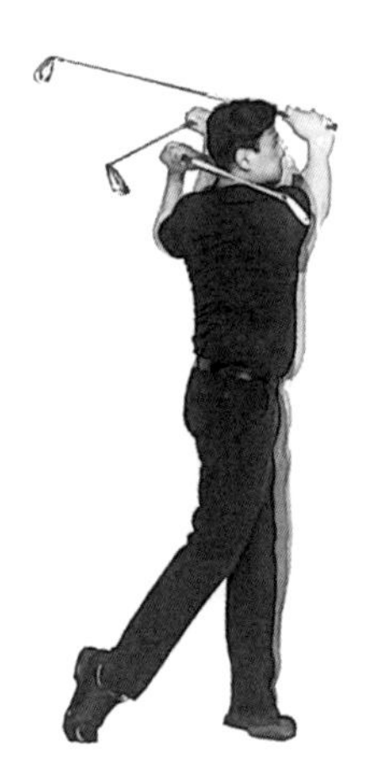

골프 스윙 동작 분석의 마지막 구간이다. 피니쉬까지 분석을 할 때 중요한 점은 밸런스를 분석하는 것이다. 만약 밸런스가 안정적이지 않다면, 왜 이러한 피니쉬가 만들어졌는지 분석해야 한다.

피니쉬의 밸런스를 분석하는 데 기준이 되는 분석의 도구를 피니쉬 밸런스 라인(Balance line at finish)이라고 한다. 피니쉬 밸런스 라인을 기준으로, 스윙 전반에 걸쳐 밸런스의 변화를 분석할 수 있다. 스윙을 하는 동안에 머리, 상체, 골반, 무릎, 그리고 발의 움직이는 방향과 움직임의 정도는 밸런스의 변화에 중요한 역할을 한다.

피니쉬에서 안정적으로 밸런스를 유지하는 것은 샷의 결과와 스윙의 일관성에도 매우 연관이 있다. 좋은 성적을 내는 골퍼들은 피니쉬에서 밸런스를 매우 안정적으로 유지하는 것을 확인할 수 있다.

피니쉬 구간은 다양한 원인에 의해서 골퍼마다 다르다. 피니쉬 구간에서는 이전 구간의 동작과 다른 동작이 만들어지더라도 샷의 결과에 영향을 주지 않는다. 하지만, 피니쉬 구간에서도 예기치 않은 움직임이나 또는 이전 구간과 전혀 다른 동작이 만들어질 수 있다.

골퍼의 스윙 이론, 오래된 습관, 역동적인 스윙을 만드는 움직임, 이전 구간의 움직임에 대한 보상동작 등에 의해서 밸런스를 유지하려고 노력을 하거나 피니쉬 동작을 완성시킬 때, 이전 구간의 움직임과 전혀 다른 움직임이 만들어질 수 있다.

Analysis Stage 14-1 피니쉬 밸런스 라인(Balance line at finish)

피니쉬 밸런스 라인은 피니쉬에서 골퍼의 자세를 분석하는 데 유용하다. 피니쉬 밸런스 라인과 밸런스 라인(참고, Analysis Stage 1-1)의 다른 점은 분석의 모든 방향에서('DL', 'FO', 'RE', 'FT') 사용하는 것이다.

'DL'과 'FT'에서는 피니쉬 밸런스 라인을 지면에서부터 수직으로 골퍼의 둔부 뒤를 지나서 골퍼의 머리 높이까지 만든다.

'FO'와 'RE'에서는 피니쉬 밸런스 라인을 타깃 방향에 가장 가깝게 위치한 골퍼의 신체 부위에 지면에 수직으로 만든다. 만약 타깃이 골퍼의 왼쪽 방향에 있다면, 왼쪽 발의 바깥쪽, 왼쪽 골반의 바깥쪽, 또는 왼쪽 어깨의 바깥쪽에 지면에서부터 수직으로 머리 높이까지 피니쉬 밸런스 라인을 만든다.

타깃이 골퍼의 우측 방향에 있다면, 오른쪽 발의 바깥쪽, 오른쪽 골반의 바깥쪽, 또는 오른쪽 어깨의 바깥쪽에 지면에서부터 수직으로 머리 높이까지 피니쉬 밸런스 라인을 만든다.

* 피니쉬 밸런스 라인(Balance line at finish)

Analysis Stage 14-2 'Down the line' 분석 포커스

① 밸런스를 분석한다.

피니쉬 밸런스 라인을 기준으로, 머리의 위치, 얼굴이 가리키는 방향, 상체의 기울기, 둔부의 위치, 다리의 기울기, 그리고 발의 위치를 분석한다. 만약 피니쉬의 밸런스가 좋지 않거나 또는 골퍼가 불편해한다면, 이전 구간의 움직임과 동일하게 연속되는 동작인지 또는 이전 구간의 움직임에 대한 보상동작을 만들었는지 분석한다.

분석가는 골퍼가 피니쉬에서 안정적이거나 편안하게 느끼고 있더라도, 현재 구간의 움직임을 이전 구간의 움직임과 비교 분석해야 한다. 일반적으로 골퍼가 피니쉬에서 밸런스가 안정적이고 편안함을 느낀다면, 좋은 자세라고 판단할 수 있다. 하지만, 기술적으로 잘못된 피니쉬 동작이라고 하더라도 오래된 습관에 의해서 골퍼가 편안하거나 안정적으로 느끼는 경우도 있다.
반면에, 새로운 스윙을 시도하거나 분석 후에 교정하는 경우에는, 골퍼가 습관대로 하던 스윙이 아니어서 불편을 호소하거나 밸런스를 유지하지 못하는 경우도 있다. 그러므로 분석가는 분석을 할 때, 분석 비디오 영상에서 보여지는 실제 동작과 골퍼의 느낌을 반드시 구분해야 한다.

② 머리, 몸, 그리고 팔의 움직임의 조화와 위치를 분석한다.

머리, 상체, 하체, 그리고 팔의 위치에 따라서, 골퍼가 만들고자 하는 스윙 동작이 조화롭게 만들어졌는지 알 수 있다. 만약 피니쉬가 제대로 완성되지 않거나 또는 골퍼가 만들고자 하는 샷에 적합하지 않다면, 이전 구간의 동작과 비교 분석해서 원인을 찾아야 한다.

③ 팔과 팔꿈치의 높이, 클럽의 기울기, 그리고 클럽 헤드 페이스가 향하는 방향을 분석한다.

골퍼가 만들고자 하는 샷 또는 골퍼가 가지고 있는 문제와 일치하는지 비교 분석한다. 척추의 기울기와 양쪽 팔꿈치의 높이는 스윙의 궤도에 큰 영향을 준다. 클럽의 기울기와 클럽 헤드 페이스의 방향은 샷의 결과와 직접적인 연관이 있다. 다리의 기울기 그리고 무릎과 발의 위치는 역동적인 스윙, 밸런스와 체중의 이동에 큰 영향을 준다.

신체의 각 부위의 움직임은 서로 연관되어 있다. 스윙이 커질수록, 몸의 움직임이 역동적일수록, 그리고 스윙의 속도가 빠를수록 연관성이 커진다.

④ 피니쉬를 완성한 뒤에 해제할 때, 손과 클럽의 상태를 분석한다.

양쪽 손등의 위치와 클럽의 기울기 그리고 클럽 헤드의 상태를 분석한다.

분석가는 다음 사항들을 확인해야 한다.

- 오른쪽 손등이 왼쪽 손등보다 하늘을 향하는지 분석한다.
- 클럽이 타깃의 왼쪽 방향으로 많이 기울어져 있는지 분석한다.
- 클럽 헤드 페이스가 지면을 향하는지 분석한다.

이러한 손과 클럽의 상태는 드로우 샷을 시도했거나 또는 훅 샷이 만들어진 움직임의 흔적이다. 또는, 샷의 결과를 타깃의 우측 방향으로 만들지 않기 위한 보상동작의 흔적이다.

분석가는 다음 사항들을 확인해야 한다.

- 왼쪽 손등이 오른쪽 손등보다 하늘을 향하는지 분석한다.
- 왼쪽 손등과 클럽 헤드 페이스의 방향이 타깃의 반대 방향을 향하는지 분석한다.
  (왼쪽 손등과 클럽 헤드 페이스의 방향이 골퍼를 향하는지 분석한다.)
- 클럽의 그립 끝의 가리키는 방향이 골퍼의 왼쪽으로 향하는지 분석한다.

이러한 손과 클럽의 상태는 페이드 샷이나 탄도가 높은 샷을 시도했거나, 또는 슬라이스 샷이 만들어진 움직임의 흔적이다. 또는, 샷의 결과를 타깃의 좌측 방향으로 만들지 않기 위한 보상동작의 흔적이다.

양쪽 손목(손등)의 모양이 어드레스에서 손목(손등)의 모양과 비슷하거나, 클럽 헤드의 리딩 에지가 지면에 거의 직각이라면, 골퍼가 스트레이트 샷을 시도했을 가능성이 높다.

피니쉬를 완성한 뒤에 해제할 때, 손과 클럽의 상태가 샷의 결과와 완벽하게 일치하지는 않는다. 하지만, 분석가는 분석 구간의 과정을 따라서 제대로 분석한다면, 이러한 손과 클럽의 상태가 만들어지게 된 원인을 충분히 밝혀낼 수 있다.

* 이때 주의할 점이 있다.

분석가는 골퍼가 그립을 제대로 유지하는지 반드시 확인을 해야 한다. 만약에 골퍼가 그립을 제대로 유지하지 못한다면, 손등과 손목의 움직임 그리고 상태와 상관없이 클럽 헤드 페이스가 변경될 가능성이 높다.

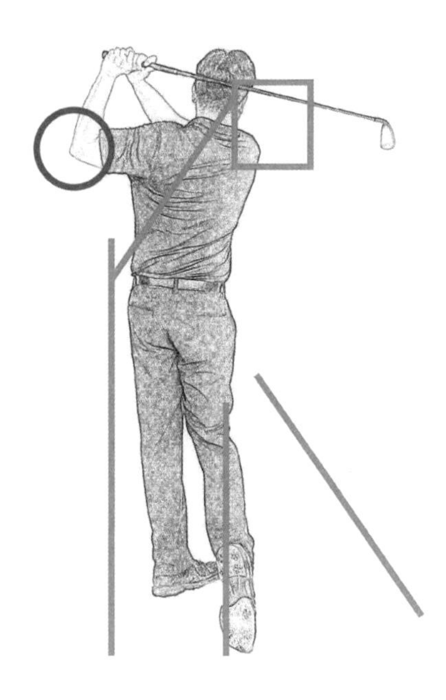

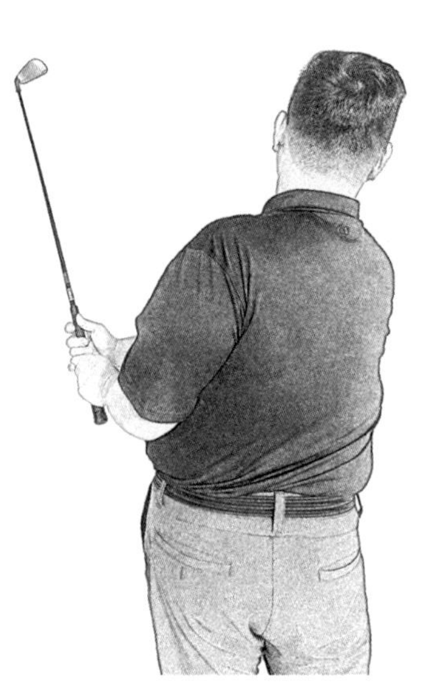
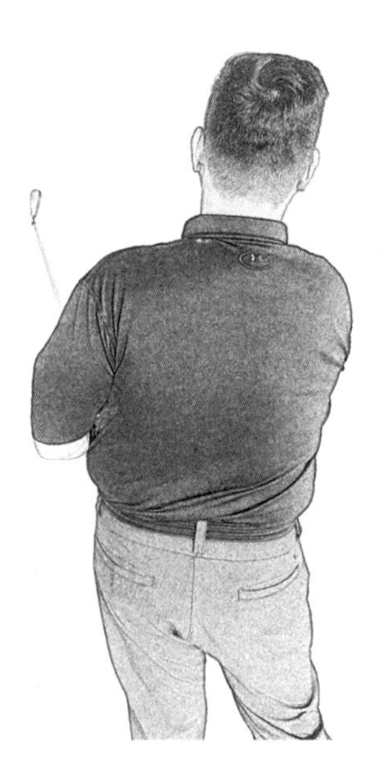

Analysis Stage 14-3 'Face On' 분석 포커스

분석가는 골퍼가 가지고 있는 문제의 정보와 피니쉬 구간 분석의 결과가 일치하는지 분석해야 한다(Ⅲ. 골프 스윙 분석 이론 첫 페이지 참고).

① 골퍼의 움직임의 조화 그리고 밸런스를 분석한다.

얼굴의 향하는 방향과 머리의 위치 그리고 상체와 하체의 위치를 비교 분석한다. 머리의 위치가 왼쪽 발 위치보다 더 타깃 반대 방향으로 위치한다면, 척추의 기울기 또한 타깃 반대 방향으로 기울어진다. 또한, 오른쪽 발로만 밸런스를 유지하기 때문에 밸런스가 불안정해질 것이다.

머리의 위치와 오른쪽 어깨의 위치가 왼쪽 발 위치보다 타깃 방향에 더 가깝게 위치한다면, 양쪽 발의 상태와 몸 전체의 밸런스를 비교 분석해야 한다. 이때, 골퍼가 밸런스를 유지하는 것을 힘들어 하거나 피니쉬를 완벽하게 완성하지 못한다면, 몸의 움직임이 매우 과도했거나 보상동작이 만들어진 것이다.

하지만, 머리와 오른쪽 어깨의 위치가 왼쪽 발의 위치보다 타깃 방향으로 많이 움직이더라도 골퍼가 좋은 밸런스를 유지한다면 문제가 되지 않는다. 유연성이 좋은 골퍼들, 매우 역동적인 스윙을 하는 골퍼들, 장타자들에게서 이와 같은 움직임을 확인할 수 있다.

② 손, 팔, 팔꿈치의 위치와 클럽 헤드 페이스가 향하는 방향을 분석한다.

골퍼가 만들고자 하는 샷 또는 골퍼가 가지고 있는 문제와 일치하는지 비교 분석한다.

손과 팔의 위치는 샷의 높이와 연관이 깊다. 또한, 왼쪽 팔의 전완과 이두 사이의 간격(왼쪽 팔꿈치의 각)의 변화는 샷의 결과와 연관이 매우 높다.

손과 팔의 위치가 낮다면, 낮은 탄도의 샷을 만들려고 시도했거나 또는 손과 팔의 움직임으로 만들어진 보상동작으로 인해서 위치가 낮아졌을 가능성이 크다.

왼쪽 팔의 전완과 이두 사이의 간격이 멀어질수록, 샷의 높이를 높게 만들려고 시도했거나, 페이드 샷을 만들려고 시도했거나, 또는 샷의 결과를 타깃의 왼쪽 방향으로 만들지 않기 위한 보상동작일 가능성이 높다.

양쪽 팔꿈치의 높이를 비교 분석한다. 만약 오른쪽 팔꿈치 위치가 왼쪽 팔꿈치 위치보다 높다면, 드로우 샷이나, 낮은 탄도의 샷을 만들려고 시도했거나, 또는 샷의 결과를 타깃의 오른쪽 방향으로 만들지 않기 위한 보상동작일 가능성이 높다.

만약 왼쪽 팔꿈치 위치가 오른쪽 팔꿈치 위치보다 높다면, 페이드 샷이나, 높은 탄도의 샷을 만들려고 시도했거나, 또는 샷의 결과를 타깃의 왼쪽 방향으로 만들지 않기 위한 보상동작일 가능성이 높다.

어드레스에서 만들어진 양쪽 팔꿈치의 간격이 스윙 하는 동안에 거의 유지된다면, 클럽, 팔, 몸의 움직임이 조화롭게 만들어지고 스윙의 일관성에도 좋은 영향을 준다.

클럽 헤드 페이스의 가리키는 방향을 분석한다. 이때, 클럽 헤드 리딩 에지의 기울기와 비교 분석한다.

골퍼의 그립이 뉴트럴 그립(Neutral grip) 또는 스트롱 그립(Strong grip)을 사용하는 경우에 해당한다. 클럽 헤드 리딩 에지가 지면에 직각으로 만들어지거나, 클럽 헤드 페이스의 가리키는 방향이 백스윙 방향 이거나, 또는 클럽 헤드 페이스가 하늘을 향한다면, 클럽의 헤드 페이스는 클로즈(Close)이다. 이때, 왼쪽 손등의 각은 어드레스에서 왼쪽 손등의 각보다 보우(Bowed)일 가능성이 매우 높다.

골퍼의 그립이 뉴트럴 그립(Neutral grip) 또는 위크 그립(Weak grip)을 사용하는 경우에 해당한다. 스트롱 그립을 사용하는 골퍼의 경우에는, 피니쉬에서 왼쪽 손등의 각이 어드레스에서 만들어진 왼쪽 손등의 각보다 훨씬 더 크다면 해당된다.

클럽 헤드의 리딩 에지가 지면에 평행하게 만들어질수록, 또는 클럽 헤드 페이스가 지면을 향한다면, 클럽의 헤드 페이스는 오픈(Open)이다. 이때 왼쪽 손등의 각은 어드레스에서 왼쪽 손등의 각보다 컵(Cupped)일 가능성이 매우 높다.

분석가의 필요에 따라서, 골퍼의 오른쪽 손등의 각을 기준으로 클럽 헤드 페이스를 분석할 수도 있다.

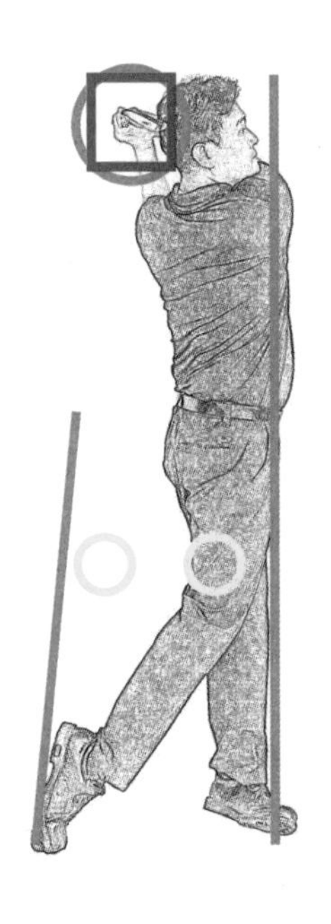

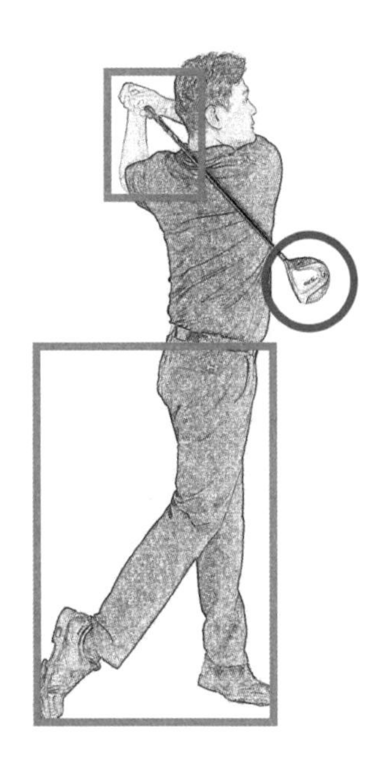

Analysis Stage 14-4 'Rear' 분석 포커스

① 몸의 움직임과 밸런스를 분석한다.

머리와 상체의 위치는 척추의 기울기를 보여 준다. 왼쪽 다리의 기울기와 왼쪽 발 토우의 위치는 역동적인 움직임과 연관이 크다. 머리와 상체의 위치 그리고 왼쪽다리와 왼쪽 발의 위치는 체중이동의 결과를 보여 준다. 머리, 상체, 다리, 그리고 발의 위치와 상태를 기준으로 밸런스가 안정적인지 분석한다.

머리의 위치가 왼쪽 발과 왼쪽 다리의 위치보다 더 타깃 반대 방향에 위치하는지 그리고 밸런스를 분석한다. 또는, 머리의 위치가 왼발과 다리의 위치보다 더 타깃 방향에 가깝게 위치하는지 그리고 밸런스를 분석한다. 이때, 오른쪽 무릎과 발의 상태를 비교 분석한다(참고, 'Analysis Stage 14-3').

② 팔꿈치 위치와 양쪽 팔꿈치 사이의 간격을 분석한다.

클럽, 손, 팔, 그리고 몸의 움직임의 조화를 분석할 수 있다. 샷의 결과와 양쪽 팔꿈치의 높이의 변화는 연관이 깊다. 골퍼가 원하는 샷의 결과를 만들기 위해서 또는 보상동작에 의해서 양쪽 팔꿈치의 높이가 달라진다(참고, 'Analysis Stage 14-3').

손과 손목의 움직임이 과도하게 많다면, 팔꿈치의 간격이 어드레스에서 만들어진 팔꿈치의 간격보다 지나치게 좁거나 넓게 만들어진다. 이러한 팔꿈치 간격의 변화는 스윙의 일관성을 낮게 만든다. 또한, 그립과 클럽 헤드 페이스의 변화에 영향을 준다.

어드레스에서 만들어진 양쪽 팔꿈치의 간격이 스윙하는 동안에 거의 유지된다면, 클럽, 팔, 그리고 몸의 움직임이 조화롭게 만들어지고, 스윙의 일관성에 좋은 영향을 준다.

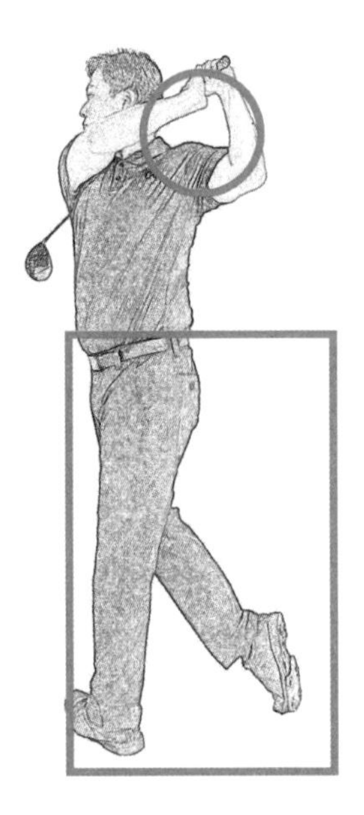

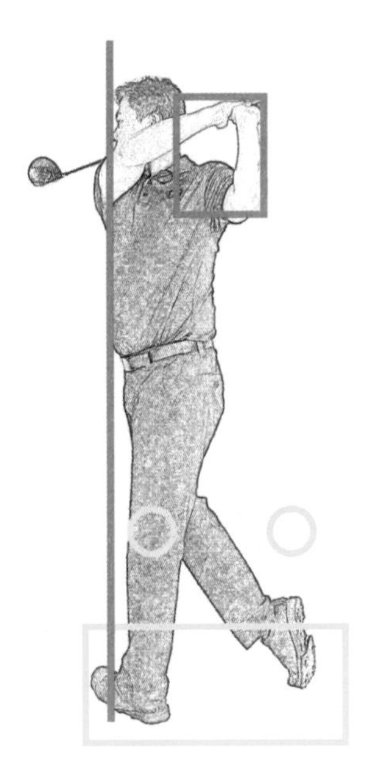

Analysis Stage 14-5 'From the target' 분석 포커스

피니쉬 구간에서 밸런스가 좋지 않다면, 스윙을 하는 동안에 보상동작이 많이 만들어졌는지 분석해야 한다. 피니쉬는 프리샷 루틴부터 팔로우 스로우까지 이전 구간에서 만들어진 움직임의 결과이다. 그러므로, 문제가 발견된다면 이전에 만들어진 동작들과 비교 분석해서 원인을 찾아야 한다.

① 왼쪽 팔의 전완과 이두 사이의 간격(팔꿈치의 각)과, 손, 손목의 움직임, 클럽의 기울기, 그리고 클럽 헤드의 상태를 비교 분석한다.

왼쪽 팔의 전완과 이두 사이의 간격이 좁아질수록 또는 양쪽 손목과 클럽 사이의 각이 줄어들수록, 클럽의 기울기는 지면을 향해서 가파르게 기울어진다. 이때, 클럽 헤드의 위치 또한 낮아진다. 만약 클럽의 기울기가 지면을 향해서 가파르게 기울어지고 헤드의 위치 또한 낮아진다면, 드로우 샷을 만들려고 시도했거나, 또는 샷의 결과를 타깃의 우측 방향으로 만들지 않기 위한 보상동작을 만들었을 가능성이 높다.

왼쪽 팔의 전완과 이두 사이의 간격이 넓어질수록 또는 양쪽 손목과 클럽 사이의 각이 커질수록, 클럽의 기울기는 거의 지면과 평행해지거나 그립 끝이 가리키는 방향이 지면을 향한다. 이때, 클럽 헤드의 위치 또한 높아진다.
만약 클럽의 위치가 거의 지면에 평행하거나 또는 그립 끝의 가리키는 방향이 지면을 향한다면, 샷의 탄도를 높게 만들려고 시도했거나, 페이드 샷을 만들려고 시도했거나, 또는 샷의 결과를 타깃의 왼쪽 방향으로 만들지 않기 위한 보상동작을 만들었을 가능성이 높다.

클럽의 헤드 토우의 가리키는 방향이 타깃 반대 방향으로 향할수록 클럽 헤드 페이스는 클로즈된다. 반대로, 클럽 헤드의 토우의 가리키는 방향이 타깃 방향으로 향할수록 클럽 헤드 페이스는 오픈된다.

현재 구간을 분석하면서 각 스윙 포지션의 상태를 정확하게 분석하는 것도 중요하다. 또한, 분석가는 이러한 움직임을 만드는 데 영향을 주는 다양한 원인 중에서 근본적인 원인이 무엇인지를 정확하게 진단해야 한다.

② 피니쉬를 완성한 뒤에 해제할 때, 손과 클럽의 상태를 분석한다.

양쪽 손등의 위치, 클럽의 기울기, 그리고 클럽 헤드의 상태를 분석한다(참고, 'Analysis Stage 14-2').

분석가는 다음 사항들을 반드시 유의해야 한다.

- 오른쪽 손등이 왼쪽 손등보다 더 하늘을 향하는지 분석한다.
- 클럽과 클럽 헤드의 리딩 에지가 분석 영상을 기준으로 오른쪽 방향으로 많이 기울어져 있는지 분석한다.

이러한 손과 클럽의 상태는 드로우 샷을 시도했거나 또는 훅 샷이 만들어진 동작의 흔적이다. 또는, 샷의 결과를 타깃의 우측 방향으로 만들지 않기 위한 보상동작을 만들었던 움직임의 흔적이다.

분석가는 다음 사항들은 반드시 유의해야 한다.

- 왼쪽 손등이 오른쪽 손등보다 더 하늘을 향하는지 분석한다.
- 오른쪽 손등과 클럽 헤드 뒷면의 향하는 방향이 'FT' 카메라 방향으로 향하는지 분석한다.
- 클럽 헤드 토우나 클럽 헤드 리딩 에지의 가리키는 방향이 분석 영상을 기준으로 왼쪽으로 기울어져 있는지 분석한다.

이러한 손과 클럽의 상태는 페이드 샷이나 탄도가 높은 샷을 시도했거나, 또는 슬라이스 샷이 만들어진 동작의 흔적이다. 또는, 샷의 결과를 타깃의 좌측 방향으로 만들지 않기 위한 보상동작을 만들었던 움직임의 흔적이다.

양쪽 손목(손등)의 모양이 어드레스에서 만들어진 손목(손등)의 모양과 비슷하거나, 클럽 헤드의 리딩 에지가 지면에 거의 직각이라면, 골퍼는 스트레이트 샷을 시도했을 가능성이 높다.

③ 머리, 상체, 그리고 하체의 움직임과 위치를 분석한다.

피니쉬 밸런스 라인을 기준으로 머리의 위치, 얼굴이 가리키는 방향, 상체의 기울기, 골반의 위치, 무릎의 펴지거나 구부린 정도, 그리고 양쪽 발의 위치를 분석한다. 머리와 상체의 위치, 얼굴의 향하는 방향, 골반의 위치 그리고 왼쪽 발의 토우와 오른쪽 발의 힐의 위치는 척추의 기울기, 체중이동의 결과, 그리고 역동적인 움직임 정도를 보여 준다.

골반의 위치, 왼쪽 다리의 기울기, 양쪽 무릎의 위치 그리고 왼쪽 발의 위치는 밸런스의 상태를 보여 준다. 또한, 얼굴의 향하는 방향과 왼쪽 발 토우 그리고 오른쪽 발 힐의 위치는 보상동작이 과도한 경우에도 움직임이 크다. 그러므로 분석가는 신체 각 부위의 움직임이 역동적인 움직임에 의해서 만들어졌는지 또는 보상동작의 결과인지를 구분하기 위해서 매우 신중하게 분석해야 한다.

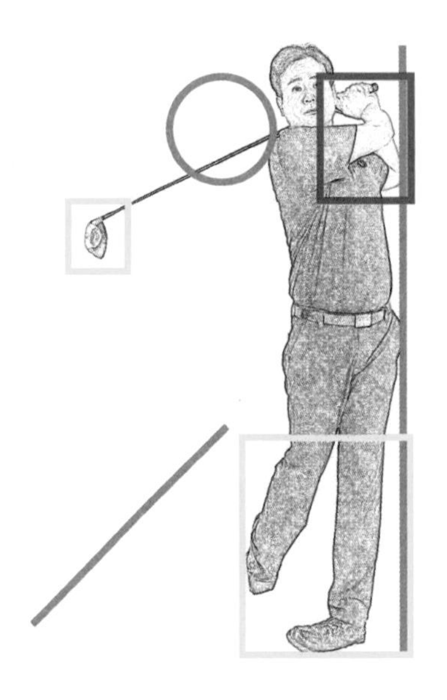

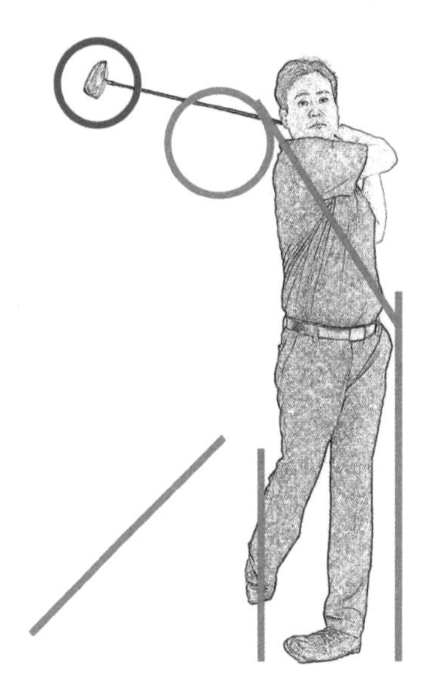

2. 드로우 샷과 페이드 샷의 분석 이론

1) 정확한 분석을 위한 드로우 샷과 페이드 샷의 개요

드로우 샷 또는 페이드 샷을 분석할 때, 분석가는 반드시 골퍼에게서 확인을 해야 하는 것이 있다. 분석가는 골퍼가 분명하게 의도해서 드로우 샷 또는 페이드 샷을 만드는 것인지 확인해야 한다.

만약에 드로우 샷 또는 페이드 샷을 만들기 위해서 골퍼가 의도를 가지고 샷을 했다면, '2. 드로우 샷과 페이드 샷 분석 이론'에 따라서 분석하면 된다. 하지만, 골퍼가 의도하지 않았음에도 불구하고 공의 출발 또는 공의 스핀이 타깃의 우측이나 좌측으로 만들어진다면, '2. 드로우 샷과 페이드 샷 분석 이론'에 맞지 않다.

골퍼가 의도하지 않았음에도 불구하고, 공의 출발이나 스핀이 타깃의 우측이나 좌측으로 만들어진다면 골퍼의 미스 샷으로 판단해야 한다. 골퍼가 의도하지 않았음에도, 공의 출발이나 스핀이 타깃의 우측이나 좌측으로 만들어지는 샷은 드로우 샷 또는 페이드 샷이 아니다. 이러한 경우에, 분석가는 실수의 원인을 진단하기 위해 '1. 골프 스윙 동작 분석 이론'의 방법을 따라서 분석해야 한다.

골퍼가 자신의 샷을 스스로 분석할 때에도 마찬가지로 위에서 언급한 내용과 같이 판단을 해야 한다. 골퍼가 드로우 샷 또는 페이드 샷을 만들겠다는 본인의 명확한 의도가 없었음에도 불구하고, 공의 출발 방향이나 스핀이 타깃의 우측 또는 좌측으로 만들어진다면 드로우 샷 또는 페이드 샷이라고 판단하는 것은 잘못된 것이다.

골퍼의 실수에 의해서 만들어진 샷은 다음과 같이 구분한다.

- 푸쉬 샷, 푸쉬 슬라이스 샷, 또는 푸쉬 훅샷(Push shot, Push slice shot, or Push hook shot)
- 스트레이트 훅 샷 또는 스트레이드 슬라이스 샷(Straight hook shot or Straight slice shot)
- 풀 샷, 풀 슬라이스 샷, 또는 풀 훅 샷(Pull shot, Pull slice shot, or Pull hook shot)

2) 드로우 샷과 페이드 샷 분석의 키포인트(Key point)

드로우 샷과 페이드 샷의 분석에 있어서 가장 중요한 것은 분석의 목적에 적합한 영상의 방향이다.

* 분석의 목적에 따라서, 분석 영상의 촬영 방향(카메라의 방향)을 적합하게 설정을 해야 한다. 분석을 할 때, 영상에서 보여지는 분석의 방향은 분석 영상의 촬영 방향의 결과이다.

* 분석의 목적이 샷의 결과와 스윙의 궤도(Swing path)에 대한 분석인지, 또는 문제의 원인을 진단하기 위해서 몸의 움직임을 분석하는지에 따라서 분석의 방향은 달라져야 한다.

스윙이 골퍼가 만들고자 하는 페이드 샷 그리고 드로우 샷에 적합한 스윙인지에 대해서 분석을 하는 경우에는 분석 영상 촬영의 방향(카메라의 방향)을 타깃에 평행하게 설정해야 한다.

만약, 골퍼가 만들고자 하는 페이드 샷 그리고 드로우 샷의 결과에 문제가 있을 때, 근본적인 원인을 진단하기 위해서 몸의 움직임을 분석하는 경우에는 분석 영상 촬영 방향(카메라의 방향)을 어드레스 파스처의 얼라이먼트에 평행하게 설정해야 한다. 왜냐하면, 문제의 근본적인 원인을 진단하기 위해서는, 샷의 결과와 클럽의 움직임에 영향을 미치는 몸의 움직임에 대해서 분석의 초점을 맞춰야 하기 때문이다.

분석가는 반드시 주의해야 할 사항이 있다. 드로우 샷과 페이드 샷처럼 골퍼가 의도를 했다 하더라도, 얼라이먼트가 타깃에 평행하지 않는 모든 샷에 대해서 분석 영상의 촬영 방향(카메라의 방향)을 다르게 설정을 해야 하는 것은 아니다.

숏 게임의 경우, 클럽 헤드 페이스 또는 어드레스에서 스탠스의 얼라이먼트가 타깃에 평행하지 않고 오픈한다. 하지만, 숏 게임의 경우에는 어드레스의 얼라이먼트와 상관없이 분석 영상의 촬영 방향은 골퍼가 정한 타깃 또는 핀에 평행하게 설정하면 된다.

이해를 돕기 위해서 그린 주변 벙커 샷을 예로 들어 보겠다. 그린 주변의 벙커 샷을 할 때, 대부분 클럽의 헤드 페이스를 오픈시킨다. 또한, 스탠스 또는 어드레스 파스처 얼라이먼트 전체를 핀이나 타깃(랜딩 존)보다 더 왼쪽으로 오픈시킨다. 즉, 벙커 샷을 할 때, 공의 위치가 특별한 상황인 경우를 제외하고, 대부분 어드레스의 얼라이먼트(Alignment)가 핀 또는 타깃 방향에 평행하지 않다.

플롭 샷(Flop shot), 롭 샷(Lob shot)의 얼라이먼트 역시 벙커 샷과 동일하다. 벙커 샷의 분석 영상을 만들 때, 카메라의 방향을 타깃에 평행하게 설정을 해야 한다. 왜냐하면, 샷의 출발 방향이 핀 또는 골퍼가 선택한 타깃 방향이다. 또한, 공이 착지하는 방향 역시 핀 또는 골퍼가 정한 타깃 방향이기 때문이다. 즉, 얼라이먼트가 타깃에 평행하지 않더라도, 대부분 벙커 샷은 공의 출발 방향과 착지 방향이 같다.

드로우 샷과 페이드 샷 역시 골퍼의 얼라이먼트(Alignment)는 핀 또는 공이 착지하는 방향에 평행하지 않는다. 하지만, 벙커 샷과 확연하게 다른 점이 있다.

드로우 샷과 페이드 샷의 경우에는 샷의 출발 방향이 핀의 방향이 아니다. 핀의 좌측이나 우측으로 출발을 해서, 공은 핀 또는 골퍼가 정한 타깃에 착지시키는 샷이다. 또는, 골퍼가 정한 타깃 방향으로 샷이 출발하더라도, 공이 착지하는 방향은 핀의 방향이다. 즉, 샷의 출발 방향과 공의 착지 방향이 서로 다르다. 그러므로, 골퍼가 의도를 해서 얼라이먼트를 설정했다 하더라도, 샷의 종류나 분석의 목적에 따라서 분석 영상의 촬영 방향을 신중하게 설정해야 한다.

앞서 설명한 바와 같이 드로우 샷과 페이드 샷을 분석할 때는 분석의 목적에 따른 분석 영상의 촬영 방향(카메라의 방향)이 매우 중요하다. 만약 분석의 방향이 분석의 목적에 적합하지 않다면, 이미 만들어진 영상에서는 분석의 방향을 바꾸는 것은 불가능하다. 그러므로, 반드시 분석의 목적에 따라서 분석 영상의 촬영 방향(카메라의 방향)을 설정한 후에, 분석 영상을 다시 만들어야만 한다. 그렇게 해야만 분석의 목적에 적합한 영상으로 정확하게 분석할 수 있다.

3) 분석의 목적에 적합한 드로우 샷과 페이드 샷의 분석 영상 만드는 방법

분석 영상의 촬영 방향(카메라의 방향)을 다르게 해야 하는 기준은 분석의 목적이다. 분석의 목적에 따라서 정확한 방향에서 영상을 만들어서 분석해야 한다.

만약 영상의 촬영 방향이 분석의 목적에 맞지 않다면, 분석가는 문제의 근본적인 원인에 대해서 제대로 진단할 수가 없다. 분석 영상을 촬영할 때, 분석의 목적에 따라서 카메라의 위치를 올바르게 설정하는 방법에 대해서 설명하겠다.

(1) 분석 영상을 촬영할 때, 카메라의 위치를 타깃에 평행하게 설정한다

분석의 목적은 스윙 궤도(Swing path)와 샷의 결과에 대해서 분석하는 것이다. 골퍼가 만들고자 하는 드로우 샷 또는 페이드 샷에 적합한 스윙인지에 대해서 분석할 때는 카메라(분석 영상의 촬영 방향)의 방향을 타깃에 평행하게 설정해야 한다. 골퍼의 얼라이먼트와 상관없이, 골퍼가 선택한 타깃에 평행하게 카메라를 설정한다.

① 골퍼가 원하는 드로우 샷 또는 페이드 샷을 만들기에 얼라이먼트(Alignment)를 적합하게 설정했는지 분석한다.

타깃 방향을 기준으로, 골퍼가 만들고자 하는 샷의 얼라이먼트를 분석한다. 이러한 얼라이먼트가 클럽의 움직임에 어떠한 영향을 주는지, 그리고 어떠한 샷의 결과가 만들어지는지에 대해서 분석한다. 골퍼의 얼라이먼트 설정과 샷의 결과와의 연관성에 대해서 비교 분석한다. 스윙의 궤도와 샷의 커브 사이즈를 분석할 수 있다.

② 'FO'에서 어드레스를 분석할 때 착시(Optical illusion)에 주의해야 한다.

분석의 방향이 타깃 방향에 평행할 때, 카메라의 방향과 골퍼의 얼라이먼트는 서로 평행하지 않는다. 그래서 분석가는 머리의 위치, 상체와 하체의 위치, 체중의 배분, 그리고 공과 클럽의 위치에 대한 분석의 오류를 범할 수도 있으므로 매우 주의해야 한다.

드로우 샷의 경우에는, 머리의 위치, 상체와 하체의 위치, 체중의 배분이 마치 어드레스 포지션의 우측에 위치해 있는 것처럼 보일 것이다.

페이드 샷의 경우에는, 머리의 위치, 상체와 하체의 위치, 체중의 배분이 마치 어드레스 포지션의 좌측에 위치해 있는 것처럼 보일 것이다.

골퍼가 만들고자 하는 드로우 샷 또는 페이드 샷의 사이즈에 따라서, 카메라의 얼라이먼트와 골퍼의 얼라이먼트의 차이가 달라진다. 그리고 착시의 크기 역시 달라진다. 만약 샷의 휘는 정도가 적은 드로우 샷 또는 페이드 샷의 어드레스 경우에는 착시현상 역시 적다.

③ 스윙의 궤도(Swing path)가 아웃(Out) 또는 인(In)으로 움직이는 정도를 분석한다.

스윙과 샷의 결과에 대한 연관성에 대해서 분석할 수 있다. 골퍼가 의도한 드로우 샷 또는 페이드 샷에 적합한 스윙의 궤도와 샷의 구질이 제대로 만들어지는지 분석한다. 스윙 궤도와 클럽 헤드 페이스의 상태는 드로우 샷 또는 페이드 샷의 커브 사이즈, 즉 공의 출발 방향과 스핀의 양에 영향을 준다.

플레인 라인(Plane line) 또는 더블 플레인 라인(Double plane line)을 사용해서 드로우 샷 또는 페이드 샷의 스윙 궤도를 분석한다. 골퍼가 만들고자 하는 샷의 구질이 적합한지 또는 샷의 커브의 정도를 분석할 수 있다.

④ 스윙 궤도와 클럽 헤드 페이스는 일반적인 스트레이트 샷의 스윙과는 다르게 보인다.

골퍼의 어드레스 또한 일반적인 스트레이트 샷을 만들 때의 어드레스와는 다르게 보인다. 드로우 샷 또는 페이드 샷을 만들 때, 골퍼마다 스윙의 궤도의 차이와 얼라이먼트의 설정은 다양하다.

공의 위치는 골퍼가 만들고자 하는 샷에 적합한지 분석한다. 골퍼에 따라서 그리고 드로우 샷과 페이드 샷의 커브 사이즈에 따라서 공의 위치는 달라진다. 공의 위치는 클럽 헤드 페이스의 상태(open, closed, or square)와 샷의 결과에 영향을 준다.

페이드 샷의 경우, 스윙이 가파르게 보인다. 한편, 드로우 샷의 경우에는 손과 클럽 헤드 움직임의 변화가 많은 것처럼 보인다. 왜냐하면, 카메라의 방향과 골퍼의 얼라이먼트는 평행하지 않기 때문이다.

따라서, 스윙의 궤도와 클럽 헤드 페이스는 일반적인 스윙과 다르게 보인다. 이러한 움직임은 드로우 샷 또는 페이드 샷을 만드는 데 매우 중요한 역할을 한다. 분석가는 얼라이먼트 설정과 스윙의 궤도가 샷의 결과에 어떠한 영향을 주는지 반드시 비교 분석해야 한다.

⑤ 카메라의 위치를 타깃에 평행하게 설정한 분석 영상의 어드레스 포지션 'Down the line'.

카메라의 높이와 위치의 설정은 본문의 'Ⅱ. 골프 동작 분석에 필요한 영상 촬영의 4대 방향'을 참고한다.

Draw Shot

Fade Shot

⑥ 카메라의 위치를 타깃에 평행하게 설정한 분석 영상의 어드레스 포지션의 'Face on'.

마찬가지로, 카메라의 높이와 위치의 설정은 본문의 'Ⅱ. 골프 동작 분석에 필요한 영상 촬영의 4대 방향'을 참고한다.

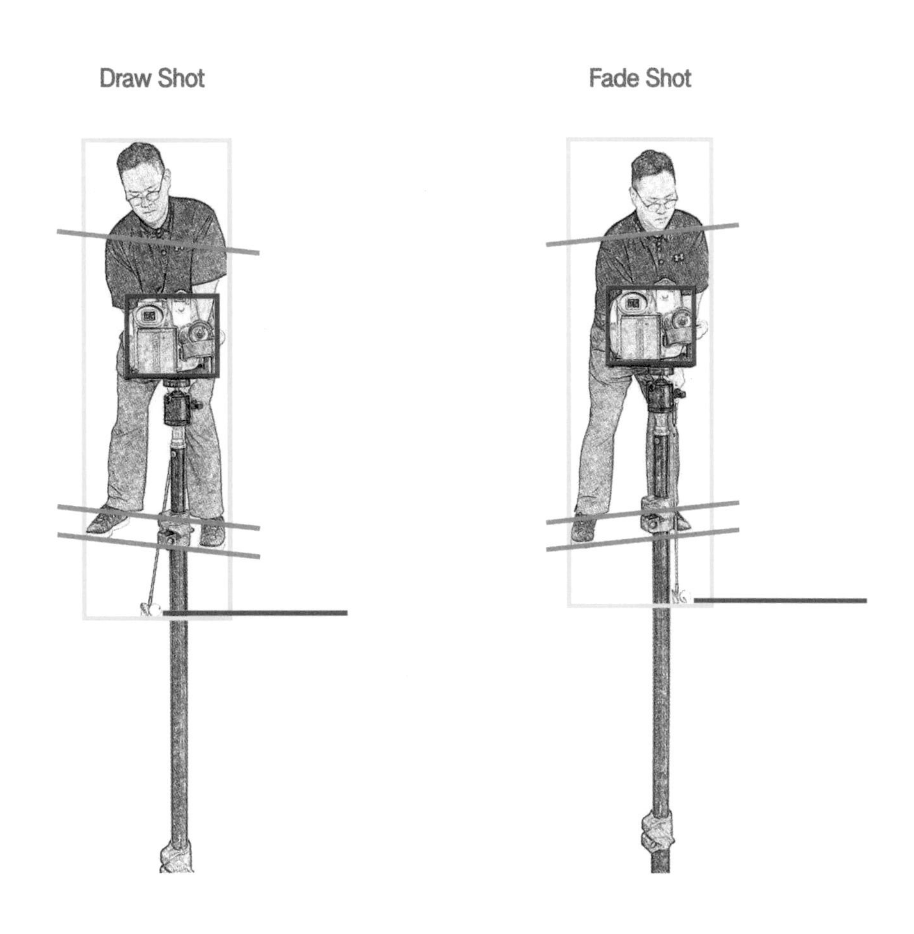

(2) 분석 영상을 촬영할 때, 카메라의 위치를 어드레스 파스처의 얼라이먼트에 평행하게 설정한다

분석의 목적은 몸의 움직임에 대한 분석을 통해서 문제의 근본적인 원인을 진단하는 것이다. 골퍼가 만들고자 하는 페이드 샷 그리고 드로우 샷의 결과에 문제가 발생하는 경우, 몸의 움직임의 분석을 통해서 문제의 근본적인 원인을 진단하기 위해서는 카메라의 방향(분석 영상 촬영 방향)을 어드레스 파스처의 얼라이먼트에 평행하게 설정해야 한다.

이때, 카메라의 위치는 핀이나 타깃에 상관없이, 골퍼의 어드레스 파스처의 얼라이먼트에 평행하게 방향을 설정한다.

만약, 어드레스 파스처의 상체의 얼라이먼트와 하체의 얼라이먼트가 서로 평행하지 않다면, 골퍼가 샷을 만드는 데 더 중요하게 생각하는 신체 부위의 얼라이먼트에 카메라 방향을 평행하게 설정한다.

① 어드레스 포지션과 밸런스(Balance)를 분석한다.

머리의 위치, 척추의 기울기, 그리고 체중의 배분을 분석한다. 또한, 손의 위치, 클럽의 기울기, 공의 위치를 분석한다. 드로우 샷 또는 페이드 샷을 만들기 위해서 지나치게 의식을 해서 과도한 어드레스를 만드는 경우도 있다.

골퍼가 원하는 샷의 결과를 만들기 위해서 어드레스와 얼라이먼트의 설정에 과도하게 집중하는 경우, 잘못된 자세나 밸런스가 만들어질 수 있다. 얼라이먼트 뿐만 아니라, 어드레스 포지션과 밸런스 또한 스윙 궤도에 큰 영향을 준다.

② 몸의 움직임에 의해서 어떠한 문제가 발생하는지 분석한다.

스윙을 하는 동안에 몸의 움직임이 손, 팔, 그리고 클럽의 움직임에 어떠한 영향을 주는지 분석한다. 스윙을 할 때 손, 팔, 그리고 클럽이 몸의 움직임과 조화를 이루는지 분석한다. 클럽 헤드 페이스의 에임과 어드레스 파스처의 얼라이먼트의 방향이 서로 평행하지 않는 샷이 익숙하지 않은 골퍼의 경우에는, 클럽의 움직임과 몸의 움직임이 조화롭지 못하는 경우도 있다.

몸의 움직임이 스윙 궤도와 샷의 결과에 어떠한 영향을 미치는지 대해서 분석한다. 몸의 움직임 분석으로, 골퍼가 원하는 샷이 왜 만들어지지 않는지 근본적인 원인을 진단할 수 있다. 골퍼가 샷을 할 때, 몸의 움직임 그리고 보상동작을 정확하게 분석할 수 있다.

분석 영상 촬영을 할 때, 카메라의 위치를 어드레스 파스처의 얼라이먼트에 평행하게 설정을 하는 경우에, 카메라의 위치를 타깃에 평행하게 설정한 드로우 샷 또는 페이드 샷의 스윙 궤도보다는 더 일반적인 스윙에 가깝게 보인다.

페이드 샷의 아웃 투 인 스윙 또는 드로우 샷의 인 투 아웃 스윙의 궤도보다 더 일반적인 스트레이트 샷의 스윙 궤도에 가깝게 보인다. 또한, 클럽 헤드의 상태 그리고 클럽 헤드 페이스의 가리키는 방향 역시 일반적인 스윙에 더 가깝게 보인다.

③ 카메라의 위치를 어드레스 파스처의 얼라이먼트에 평행하게 설정한 어드레스 포지션의 'Down the line'.

카메라의 높이와 위치의 설정은 본문의 'Ⅱ. 골프 동작 분석에 필요한 영상 촬영의 4대 방향'을 참고한다. 하지만, 매우 중요한 차이점은 카메라의 방향은 타깃에 평행하지 않는다. 골퍼의 어드레스 파스처의 얼라이먼트와 평행한 분석 영상은 일반적인 스트레이트 샷 스윙의 어드레스 파스처와 비슷하다.

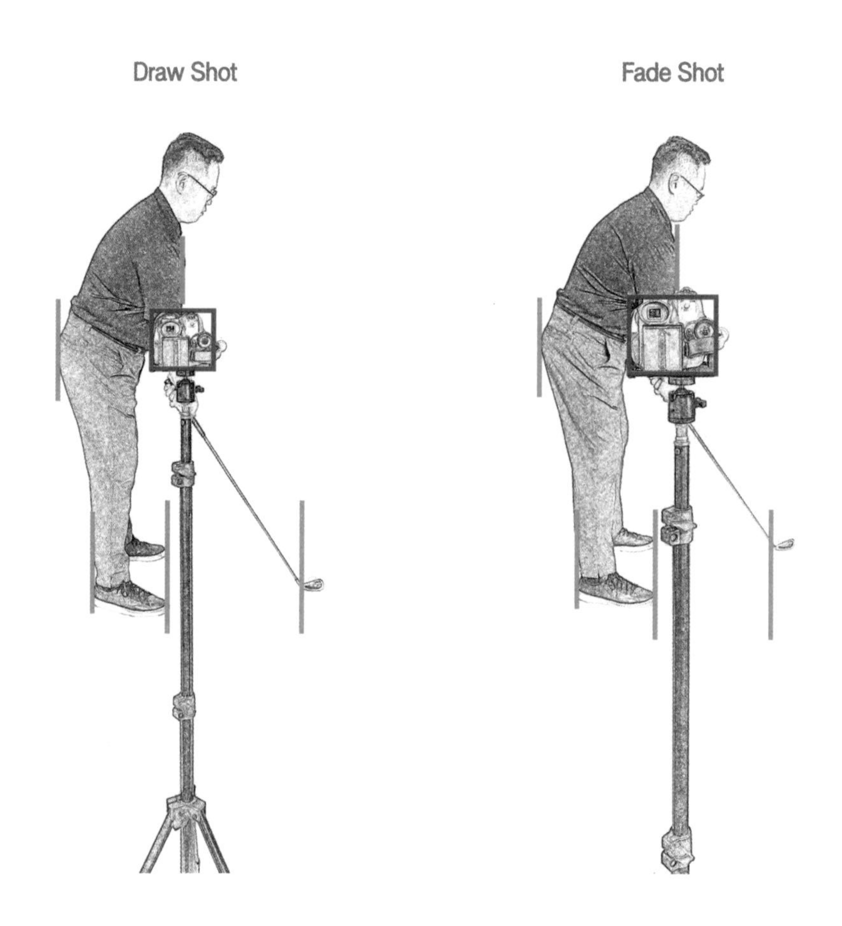

④ 카메라의 위치를 어드레스 파스처의 얼라이먼트에 평행하게 설정한 어드레스 포지션의 'Face on'.

카메라의 높이와 위치의 설정은 본문의 'Ⅱ. 골프 동작 분석에 필요한 영상 촬영의 4대 방향'을 참고한다. 하지만, 매우 중요한 차이점은 카메라의 방향은 타깃에 평행하지 않는다. 골퍼의 어드레스 파스처의 얼라이먼트와 평행한 분석 영상은 일반적인 스트레이트 샷 스윙의 어드레스 파스처와 비슷하다.

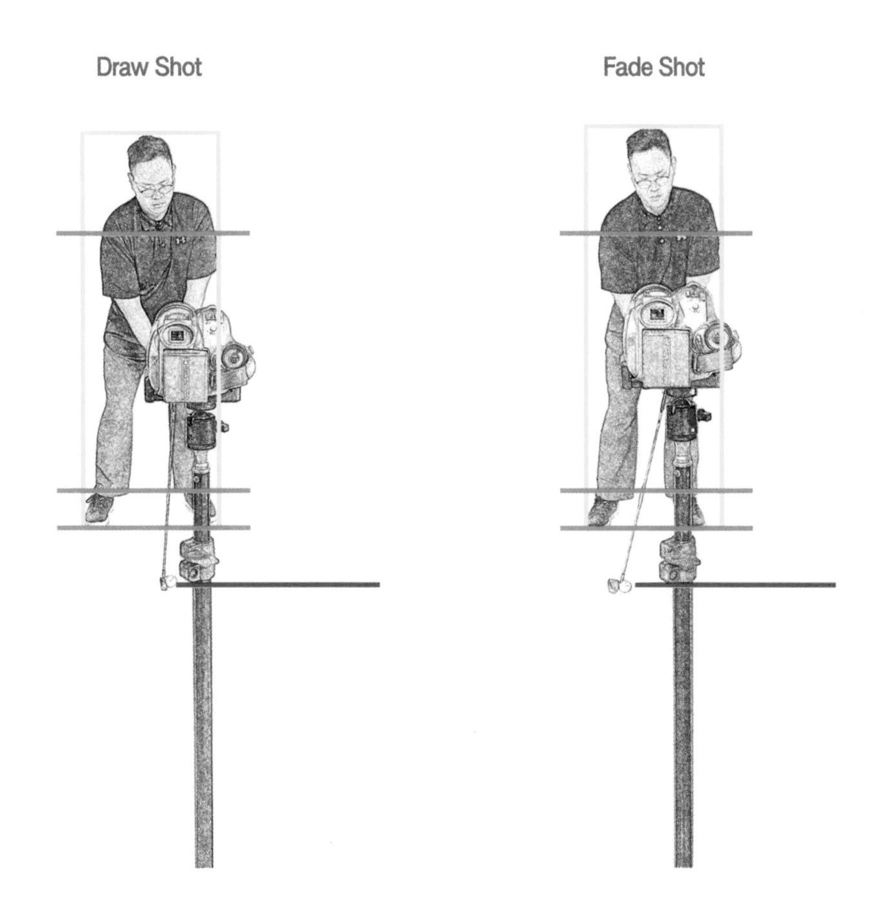

4) 분석 영상 촬영의 방향(카메라의 방향)에 따라서 다르게 보여지는 스윙의 비교 분석

(1) 페이드 샷 'Down the line'

▶ 좌측 이미지 - 카메라의 방향을 타깃에 평행하게 설정

▶ 우측 이미지 - 카메라의 방향을 어드레스 파스처의 얼라이먼트에 평행하게 설정

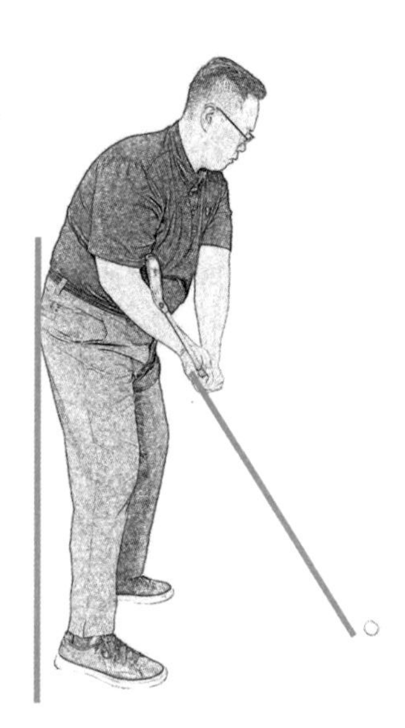

(2) 드로우 샷 'Down the line'

▶ 좌측 이미지 - 카메라의 방향을 타깃에 평행하게 설정

▶ 우측 이미지 - 카메라의 방향을 어드레스 파스처의 얼라이먼트에 평행하게 설정

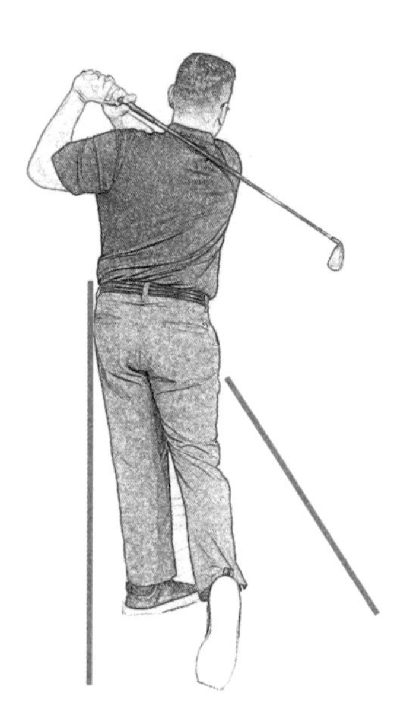

(3) 페이드 샷 'Face on'

▶ 좌측 이미지 - 카메라의 방향을 타깃에 평행하게 설정

▶ 우측 이미지 - 카메라의 방향을 어드레스 파스처의 얼라이먼트에 평행하게 설정

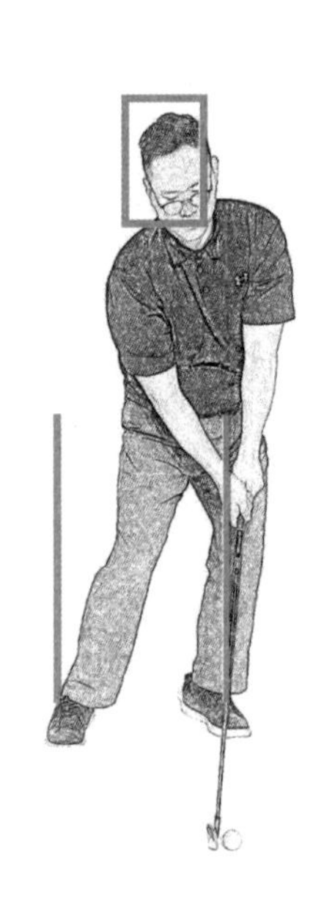

(4) 드로우 샷 'Face on'

▶ 좌측 이미지 - 카메라의 방향을 타깃에 평행하게 설정

▶ 우측 이미지 - 카메라의 방향을 어드레스 파스처의 얼라이먼트에 평행하게 설정

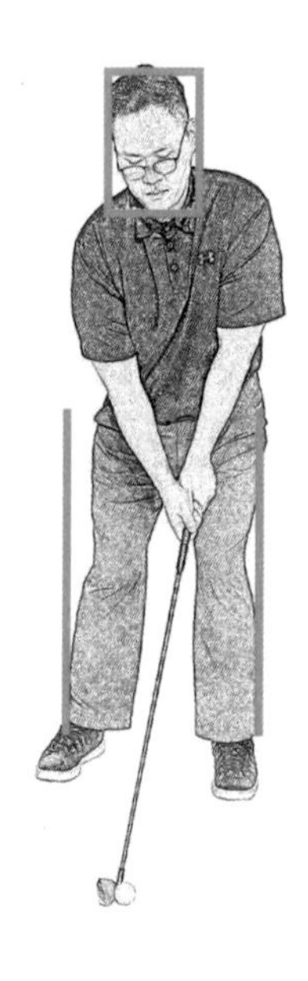

진단의 기술

초판 1쇄 발행 2022년 6월 20일

지은이 나유성 · 나유민
삽화 PLATEAU · 박진우
펴낸이 이기봉
편집 좋은땅 편집팀
펴낸곳 도서출판 좋은땅
주소 서울특별시 마포구 양화로12길 26 지월드빌딩 (서교동 395-7)
전화 02)374-8616~7
팩스 02)374-8614
이메일 gworldbook@naver.com
홈페이지 www.g-world.co.kr

ISBN 979-11-388-1051-7 (03690)

• 가격은 뒤표지에 있습니다.

• 파본은 구입하신 서점에서 교환해 드립니다.